走出思想的边界

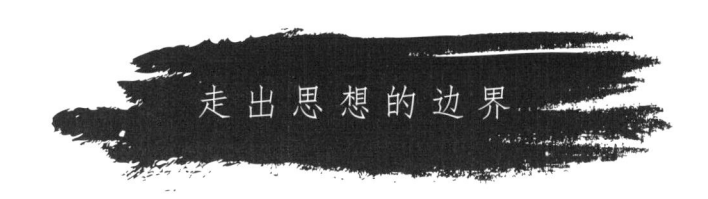

knowledge-power
读行者

著作财产权人：©三民书局股份有限公司
本著作中文简体字版由三民书局股份有限公司许可中南博集天卷文化传媒有限公司在中国大陆地区发行、散布与贩售。
未经著作财产权人书面许可，禁止对本著作之任何部分以电子、数位、影印、录音或任何其他方式复制、转载或散播。

钱穆 作品

文化与教育

岳麓書社·长沙　博集天卷

目 录

钱穆作品精粹序 /001
    序 /001

上卷 /001
    中国文化与中国青年 /003
    中国文化与中国军人 /011
    东西文化之再探讨 /018
    东西文化学社缘起 /025
    东西人生观之对照 /027
    战后新世界 /038
    新时代与新学术 /052
    《齐鲁学报》创刊号发刊词 /060

下卷 /063
    改革大学制度议 /065
    改革中等教育议 /074
    从整个国家教育之革新来谈中等教育 /081
    革命教育与国史教育 /093
    建国三路线 /101
    中国民主精神 /110
    政治家与政治风度 /122
    新原才 /134
    病与艾 /140

过渡与开创 /144

现状与趋势 /148

变更省区制度私议 /152

跋 /159

钱穆作品精粹序

钱穆先生身处中国近代的动荡时局,于西风东渐之际,毅然承担起宣扬中华文化的重任,冀望唤醒民族之灵魂。他以史为轴,广涉群经子学,开辟以史入经的崭新思路,其学术成就直接反映了中国近代学术史之变迁,展现出中华传统文化的辉煌与不朽,并撑起了中华学术与思想文化的一方天地,成就斐然。

三民书局与先生以书结缘,不遗余力地保存先生珍贵的学术思想,希冀能为传扬先生著作,以及承续传统文化略尽绵薄。

自一九六九年十一月迄于一九九一年十二月,二十多年间,三民书局总共出版了钱穆先生长达六十余年(一九二三至一九八九)之经典著作——三十九种四十册。兹序列书目及本局初版日期如下:

中国文化丛谈　　　　　　　　　(一九六九年十一月)
中国史学名著　　　　　　　　　(一九七三年二月)

文化与教育	（一九七六年二月）
中国学术思想史论丛（一）	（一九七六年六月）
国史新论	（一九七六年八月）
中国历代政治得失	（一九七六年八月）
中国历史精神	（一九七六年十二月）
中国学术思想史论丛（二）	（一九七七年二月）
世界局势与中国文化	（一九七七年五月）
中国学术思想史论丛（三）	（一九七七年七月）
中国学术思想史论丛（四）	（一九七八年一月）
黄帝	（一九七八年四月）
两汉经学今古文平议	（一九七八年七月）
中国学术思想史论丛（五）	（一九七八年七月）
中国学术思想史论丛（六）	（一九七八年十一月）
中国学术思想史论丛（七）	（一九七九年七月）
历史与文化论丛	（一九七九年八月）
中国学术思想史论丛（八）	（一九八〇年三月）
湖上闲思录	（一九八〇年九月）
人生十论	（一九八二年七月）
古史地理论丛	（一九八二年七月）
八十忆双亲·师友杂忆（合刊）	（一九八三年一月）
宋代理学三书随札	（一九八三年十月）
中国文学论丛	（一九八三年十月）
现代中国学术论衡	（一九八四年十二月）
秦汉史	（一九八五年一月）
中华文化十二讲	（一九八五年十一月）
庄子纂笺	（一九八五年十一月）

朱子学提纲	（一九八六年一月）
先秦诸子系年	（一九八六年二月）
孔子传	（一九八七年七月）
晚学盲言（上）（下）	（一九八七年八月）
中国历史研究法	（一九八八年一月）
论语新解	（一九八八年四月）
中国史学发微	（一九八九年三月）
新亚遗铎	（一九八九年九月）
民族与文化	（一九八九年十二月）
中国思想通俗讲话	（一九九〇年一月）
庄老通辨	（一九九一年十二月）

二〇二二年，三民书局将先生上述作品全数改版完成，搭配极具整体感，质朴素雅、简洁大方的书封设计，期能以全新面貌，带领读者认识国学大家的学术风范、思想精髓。

谨以此篇略记出版钱穆先生作品缘由与梗概，是为序。

三民书局

东大图书

谨识

序

昔李塨尝言："莱阳沈迅上封事，曰：'中国嚼笔吮豪之一日，即外夷秣马厉兵之一日。卒之盗贼蜂起，大命遂倾。天乃以二帝三王相传之天下，授之塞外。'吾每读其语，未尝不为之惭且痛。"郭嵩焘亦云："自宋以来，尽人能文章，善议论。无论为君子小人，与其有知无知，皆能用其一隅之见，校论短长，攻剖是非。末流之世，恨无知道之君子，正其议而息其辨。覆辙相寻，终以不悟。"穆髫龄受书，于晚明知爱亭林，于晚清知爱湘乡。修学致用，窃仰慕焉。而深味夫李郭二氏之言，未尝敢轻援笔论当世事。国难以来，逃死后方，遂稍稍破此戒。譬如候虫之鸣，感于气变，不能自已。而人亦多嬲以言者。积三四年，薄有篇帙，兹汇其有关文化问题者为上卷，其讨论学术趋向者附之。关于教育问题者为下卷，其牵及政风治术者附之。都凡二十篇，聊存一时之意见。而李郭之言，固常自往来于余之胸中也。中华民国三十一年六月十八日钱穆识于思亲强学之室。

上卷

中国文化与中国青年

国人对于东西文化之讨论，已历有年矣。或主文化无分中外，惟别古今。秦以来之中国，实相当于西洋之中古时期，是不啻谓中国进化落后，再走一步始成现代化之西洋。其文化之先后，即文化之高下也。此盖本诸西洋进化派人类学家之主张。或谓中国当急速全盘西方化，此则视文化如商货，谓可携挟稗贩，自彼而至此。其意近于西国文化播散论者之见解。是果有当于东西文化之真相乎，抑切合于中国之实情乎？凡此姑皆不论。要之进化论与播散论之两派，已为西方谈文化者已往之陈言，迭经驳正，不足复据。盖此两说，有一共同谬误，即蔑视文化之个性是也。若就世界现存文化别类分型，则断当以中国印度欧西为三大宗，时贤主其说者以梁漱溟氏之《东西文化及其哲学》一书为最著。梁书颇滋非难，然谓中印欧三方文化各有个性，则其论殆无以易也。

夫文化不过人生式样之别名，举凡风俗习惯信仰制度，人生所有事皆属之。则世界各民族文化繁颐,居可想象。而必举中印欧为世界文化之三型者,盖论文化首当重二义:一者文化当为大群众所有,二则文化必具绵历性。当吾世而求其扩广群,历永世,可资衡论者,则无逾中印欧三方。而之三方者,又各自有其独特之个性。然而亦复有其共通之精神。其所独者不能外其通,亦必明其通而其所谓独者随以显。文化之通则,必在其大群众有以泯其内部小我个己之自封限,自营谋,一切自私自利心,而能相互掬其真情以为群,夫而后其群乃可大,乃可以绵历而臻于久。否然者,分崩离析,如冰之泮,如花炮之爆放,刹那暂现,且不瞬息而解消以至于灭尽。其所以泯小我封限营谋一己私利之心者,则仍必探本人之内心本性之所固有,就其当境呈露而为教。否则如沐猴而冠,其势亦不常。此人类内心本性所固有,而以泯其小我封限营谋一己私利之心者,在孔门儒家则谓之仁。非仁无以群,非群无以久,非久无以化,非化无以成文。是为人类文化之大源,亦即人类文化之通性。而人心之仁之当境发露,则又时时随其年寿对境而有异。大较言之,青年少年则常见于孝,壮年中年则常见于爱,老年晚年则常见于慈。曰孝,曰爱,曰慈,皆仁也。青年无不知孝父母,壮年无不知爱配偶,老年无不知慈伦类。就其当境发露于不自觉之际,而亲切指点以为教,使其恍然于所以破封限,豁营谋,解脱其自私利之心,以直达夫明通公溥者,循是而推之,而仁不可胜用矣。中印欧三方文化大流,莫不汲源于此,而各有其所偏。大抵中国主孝,欧西主爱,印度主慈。

故中国之教在青年，欧西在壮年，印度在老年。我姑锡以嘉名，则中国乃青年性的文化，欧西为壮年性的文化，而印度则老年性的文化也。又赠之美谥，则中国为孝的文化，欧西为爱的文化，而印度为慈的文化。中国之孝弟，西洋之恋爱，印度之慈悲，各得仁之一面。见其独，可以会于通，固未有舍人心之仁而可以搏大群而演永化者。

哥德，北欧文学之圣也，著少年维特之书，维特以爱绿蒂而自杀。夫以一男爱一女，不能自解脱，而至于杀身以殉，其事在中国印度，若皆不可以为训，而欧洲人读者，莫不奉其书为文学之圣？岂不以男女相爱，正为欧西一大教。抑且为欧西文化一柱石。方维特之爱绿蒂，维特仅知有绿蒂，不知有维特也。方维特之自杀，维特仅知有对绿蒂之爱，亦惟此可以掬出其中心之爱，使之发达而成全。在彼知有爱，不知有自杀也。维特之烦恼，非人人之所有，而维特之爱，则凡壮年男女皆有之。人必具此而后有以破小我之封限，豁其营谋，解脱其一己私利之缠缚，而直入于无人我之仁。亦必人人具此，而后可以相与结成大群以演进此灿烂之文化。哥德特借此以为教，彼其深入人心者，即文化之所资以发皇而茂遂，则彼乌得而不为文学之圣者，其书又乌得而不为文学之上乘。

有中国青年攘臂扼腕于吾侧，曰，有是哉！子之言也。我常读少年维特之书，而吾心戚戚焉，奈何吾中国独长期束缚于儒家之礼教，抹杀人性，使之恹恹无生气。嗟彼青年，乃羔羊之迷途者也。今之青年，好言恋爱，好言浪漫，我请举中国之浪漫恋爱史以告。孟子曰："舜往于田，号泣于昊天。为不顺于父母，如穷人无所归。天下之士悦之。妻帝之二女，富有天下，贵为天子，无足以解忧，惟顺于父母可以解忧。"又曰："人少则慕父母。知好色则慕少艾。有妻子则慕妻子。仕则慕君。大孝终身慕父母。五十而慕者，予于大舜见之。"读者试冥心思焉，若移瞽瞍为绿蒂，则大舜即维特也。大舜之号泣，何异于维特之烦恼。惟一则为父子之孝，一则为匹配之爱而已。然则中国相传二十四孝以及百孝之故事，即抵一部西洋浪漫恋爱小说之汇编，此亦中国文化之柱石也。若谓礼教可以吃人，维特之自杀，非即恋爱之吃人乎？印度佛门弟子之舍身殉法者多矣，非即慈悲之吃人乎？古兵法有之，置之死地而后生。孔子曰："志士仁人，有杀身以成仁，无求生以害仁。"彼见有仁而已，何辨于死生。夫必如是，而后其群乃得以永生而成化。今之青年，闻孝弟则颦蹙而咒诅，闻恋爱则倾倒而讴歌，安在其不为羔羊之迷途？

或曰子言辨矣，我诚无以折。然孟子何不为近人情，效哥德之教人为维特之爱，而顾独教人为大舜之孝？曰：善哉问！此固中印欧三方文化渊源之所异，请详言以毕吾说。中国民族起于黄河两岸之大平原，此大陆农业乡村文化之征也。欧西文化源自希腊罗马，是为海洋商业城市文化。二者绝不同。农村之特征，生于斯，长于斯，老于斯，聚子孙于斯，筑坟墓于斯，安土而重迁，效死而弗去。故农业民族之生命，常带青年性。何以谓之青年性，以其为子弟之时间也特久。古曰五口之家，则一夫一妇或一老而二幼，或一幼而二老。又曰八口之家，则一夫一妇上事老，俯畜幼，而又有兄弟之比肩而同室也。此无论幼者之为子弟，即彼一夫一妇为一家之主者，亦既上事老人，则仍为子弟，仍是青年也。大舜五十慕父母，是大舜五十而不失其为子弟之心境，则五十而青年也。故曰："大人者，不失其赤子之心。"即大人而青年也。滨海商业民族之情则异是。商人轻离别，唐之诗人已咏之，而滨海商人为尤甚。风帆远往，瞬息千里，长途涉险，存亡不卜。吾尝游于闽海之涯，问其渔村之习俗，夫出三月而不返，妻即别嫁，此非农村人情之所堪。晋重耳诫其妻曰："待我二十五年不来而后嫁。"其妻曰："我二十五年矣，又二十五年而后嫁，则就木矣，请待子。"狐死正首丘，农民之必返其故乡，乃使其妻守死以终待。航海驾涛者不必返，乃使其妻别嫁不终待。夫妇之伦既别，父子之情亦异。滨海之民，无老无少，莫不有子身长往之想。流离变迁是其常，家人团圆，非所思存。故其青年之与老人，皆有自由独立之概，皆壮年也，其一生之为壮年期者独久，故曰商业民族常带壮年性。中国与西欧之异在是，而印度复不然。地居热带，民性早熟，十五六即抱子女为父老，三十四十称寿考焉。当净饭王子以二十九岁一青年幽居宫廷，而其意想已臻老境。故曰：我见一切世间诸行，尽是无常，其人生观如是，故舍一切世俗众事，远离亲族，以求解脱，舍家而去，此全是老人态也。又其土肥沃，其产丰饶，不烦力穑，不烦远贾，而生事自足。兼以气候郁蒸，故其民常如老人之倦怠。然则印人之一生,独以老年为特久,故曰其带老年性。

三方环境不同,斯其巨人硕德之所以施教者亦别,而文化演进遂有分道扬镳异途并骛之势。孔子,中国之大圣,其为人也,发愤忘食,乐以忘忧,不知老之将至,是孔子终身常带一种青年气度也。《论语》,中国之大典,二十篇首《学而》,子曰:"学而时习之,不亦悦乎?有朋自远方来,不亦乐乎?"有子曰:"孝弟为仁之本。"曾子曰:"吾日三省吾身,为人谋,而不忠乎?与朋友交,而不信乎?传,不习乎?"是孔门师弟子教训皆主为青年发。《论语》即一部青年宝训也。苏格拉底之教,主怀疑,尚对辩,此壮年人平等相与之态度也。亚里士多德之名言曰:"我爱吾师,我尤爱真理。"此壮年人自信自立之气概也。孔子问伯鱼之泣,其门弟子之辞归而养亲者十有三人。耶稣门徒愿归葬其亲,耶稣曰:"汝自随我,且俾死者自葬其死。"或问耶稣:"人可以休妻耶?"耶稣曰:"初造人类者,既造男,又造女,人当离其父母,而夫妇结为一体。"又曰:"丈夫当爱其妻如己体,故当离其父母而向其妻,二人连结如一体。"耶稣传教于沙漠海滨之商民与渔人,非奖其离父母,不足以傲其壮往之气。非奖其恋配偶,不足以凝其生生之运。故耶稣以离弃父母恋爱配偶为教,终为欧西一大教主。释迦以离弃父母并离弃其配偶为教,而亦成为印度一大教主。然此皆不足以推行于大陆农村之民族。有居大陆农国而推行是者,其人曰秦相商鞅。虽邀一时之利,而终不胜其弊。汉儒贾谊极言之，曰："商君遗礼义，弃仁恩，并心于进取，行之二岁，秦俗日败。故秦人家富子壮则出分，家贫子壮则出赘。借父耰锄，虑有德色。母取箕帚，立而谇语。抱哺其子，与公并倨。妇姑不相说，则反唇而相讥。其慈子耆利，不同禽兽者亡几。"何以耶稣释迦唱之为教主，而商君行之资诟病？岂不以农村社会其势常聚而不散。父子虽分居，而田亩相毗接，屋庐相鳞比。父缺耰锄则借之子，母乏箕帚则丐诸妇。离弃其仁恩，而不能隔绝其声息之相通，不能断割其货财之相利。则是教之为不仁。乌有人之不仁而可以群而久者？君子见牛不见羊，则以羊易牛。父母宁不如一牛！然则中国人不言孝，何来有中国五千年绵历不断之文化？

由是言之，中印欧三方文化之各异其趋，乃天地自然之机局，而非一二人之私智所得而操纵。然使割截人生青年壮年老年为三期而许我择其一，则我必愿为青年。使横裂中国印度欧洲之三界而许我选其一，则我必乐居中国焉。何者？青年可以望壮，壮者可以望老，而慈者不再壮，壮者不再青。孝其父母，岂有不爱其配偶，慈其伦类？今曰离弃父母而向汝妻，又曰出家绝俗而归汝真，舍此以趋彼，故欧土不重孝，佛徒不言爱，是中国得其全，而印欧得其偏。中国如新春，前望皆生成也。欧土如盛夏，前望则肃杀矣。印度如深秋，前望则凝寂矣。故中国居其久，而印欧居其暂。或疑青年柔弱，不敌壮者之刚强，是亦不然。壮者强于气而薄于情。孔子曰"血气方刚，戒之在斗"，其病在于急占有而易分裂。青年柔于情而厚于爱。孔子曰："血气未定，戒之在色。"然而有强者起于旁，则子弟之护其父兄，常不啻手足之捍头目。其长在于团结而不散。最近三十年来欧洲两大战争接踵而起，而中国四年之抗战，乃以至弱拒至强，此皆其明征大验也。中国亦有唱壮年之教者曰墨翟，中国亦有唱老年之教者曰老聃，然而为中国民族文化之教宗者惟孔子。凡沐浴熏陶于孔子孝弟之教者，终其身一青年也。可爱哉！中国之文化。可羡哉！中国之青年！

然而我窃观于今日中国之青年则异是。攘臂疾呼以自号曰吾青年，吾青年矣。抑其所拜蹈歌颂者，则曰平等，曰自由，曰独立，曰奋斗，曰恋爱，曰权利，此皆壮年人意气也。然则如何而始为青年？孔子曰："弟子入则孝，出则弟，谨而信。泛爱众，而亲仁。"子夏曰："贤贤易色，事父母能竭其力，事君能致其身。与朋友交，言而有信。"孔子，青年之模楷。《论语》，青年之宝典也。此吾先民精血之所贯注，吾国家民族文化之所托命。迷途之羔羊，吾谨洁香花美草荐以盼其返矣。

三〇、一〇、一五、华西大学文化讲座讲演辞，
刊登《大公报》三十年十一月星期论文

中国文化与中国军人

中国文化，无疑为世界现文化中最优秀者。取证不在远，请即以中国文化之扩大与绵延二者论之。中国文化拥有四万五千万大群，广土众民，世莫与京，此即其文化伟大之一征。学者常以中国汉代与西方罗马相拟，然二者立国形势实不同。中国汉代乃一组织的国家，罗马则为一征服的国家。汉王室虽起于丰沛，汉国都虽建于长安，然非江苏人或陕西人攫天下而宰制之，实系中国全国民众之共同结合，组织一中央政府，设首都于长安，而拥戴刘氏为天子。当时所谓关东出相，关西出将，明由全国各地人才，操使全国之政柄。不仅服官从政之机会公开于全国，他如教育兵役赋税各项权利义务，莫不举国平等，彼此一致。故知中国汉代之大一统，乃由一大平面向心凝结，此乃一种行使人才政治之文化国家也。罗马建国则绝不同。彼乃以罗马一城当中心，向外放射，征服各地。故罗马疆域，虽包有西班牙、希腊、北非、西亚，然决不能谓罗马帝国乃由西班牙人、希腊人乃至北非洲人西部亚细亚人与罗马人共同组织之。实乃由罗马人征服此各地而统治以军队，又朘吸此各地之财富，以为此庞大军队之供养。故知罗马版图乃由一中心向四围放射其强力而造成。此乃一种行使武力统制之侵略国家也。罗马与中国汉代，实世界人类建立大群国家之两型，亦即现世界东西两大文化性质互异一特征。

中国为一行使人才政治之文化国家，此自两汉以来，隋唐宋明迄于今兹莫不然。西洋为一行使武力统制之侵略国家，亦不仅于罗马，近代如拿破仑、希脱勒，所力征经营者皆是。即彼所谓新兴民族国家，以自别于中世纪之帝国者，几莫不占有国外殖民地，而以武力统制，又朘吸其财富以供养其武力。又何莫非罗马之遗型？又何莫非以武力统制之侵略国家乎？

故中国民族之创建其国家，有一特性焉，即对内曰团结，对外曰和平是也。然中国民族之对外和平，亦非不能有扩展。中国民族最先立国，乃在黄河中流之两岸，浸假而展扩及于长江，又浸假而展扩及于辽河与珠江，又浸假而展扩及于黑龙江与澜沧江。中国民族之和平伸展，骎骎乎有自文化国家渐趋而达于文化世界之境之势，治国平天下，此固中国民族自古已之有理想抱负也。

今试通观人类世界史，中国民族所创建之国家，乃常为全世界历史过程中每一横剖面下最大之国家。故中国国家之伟大，不仅在其一时之平面，而尤在其表现于悠久历史上之立体之伟大。若就中国汉代与罗马比，以中国近代与苏维埃、美利坚比，此仅见中国国家伟大性之一面。必就人类以往全史进程，而纵观通览之，则当有罗马时无美苏，有美苏时无罗马，而中国独巍然屹立于人类全史过程中，而迄今无恙，此乃见其伟大性之全体也。

故中国文化，不仅有其展扩，而尤有其绵延。必就时空立方大全体观之，乃见中国文化优秀之价值。西洋文化虽亦同为现世界人类文化绵延悠久之一系。然譬如长距离赛跑，西洋文化乃一种接力跑、传递跑，而中国文化则为个人继续不歇之全程跑。希腊覆亡，继之以罗马，罗马毁灭，继之以近代之海国。西葡崛起，继之以荷法与英伦。顷者海国之势又渐绌，西葡荷法相继颠踣而继之以德苏陆国之崛兴。其间轮番交替，新兴者骤若不胜其健快，不逾时则又不胜其疲惫焉。在中国则两汉、隋唐、宋明，有持续，无替代，有顿挫，无交换。较之一时之骤起，健快若不逮，而笃行稳步，始终不懈，则旷观全世界人类文化长距离赛跑场中，实为惟一的好汉子也。

抑中国民族参加如此长程赛跑，随时所遇短跑健将乃多不胜数。匈奴、鲜卑、突厥、回纥、吐蕃、辽、金、蒙、满，强寇顽敌，环踞四起。野心狡虑，不忘侵略。而我中国民族终有以保持此和平文化于不败。此无他，由我传统文化内部包蕴一种极坚硬强韧之抵抗力故也。则请继此一言吾中国传统文化下之军人精神。盖中国文化虽尚和平，而同时又富弹性，不易制压。以汉唐中国北部边境言，西起河湟，东迄辽海，横亘数千里，较之意大利北部阿尔卑斯山，如巨灵与侏儒之不可并论。然匈奴、突厥之凶锋，不能逞于吾，乃西向欧陆而肆其蹂躏。中国对北方蛮族防御完成，而罗马则否。此中国民族和平文化中自有一番奋斗精神之壮旺不衰之显征也。此种壮旺不衰之奋斗精神，乃洋溢于中国史之各页。尤可惊异者，蒙古崛起，挟其震古烁今之武力，铁骑所至，靡不摧枯拉朽，如秋风卷残叶，无足当其锋。而其时中国已为宋金西夏三分之局，而蒙古独自成吉思汗至忽必烈，积五世七十八年之战斗，乃始得志。而南宋襄阳合川之守，乃为蒙古骑兵踏遍亚欧两陆所未前遇之坚垒。至于今日之抗战，尤为中国民族和平文化中一段奋斗精神壮旺不衰之当前显征。试问中国文化既尚和平，乃何得而有此？曰此其背后，盖有中国军人一种特有的战斗心理焉。此种战斗心理，乃为支撑中国和平文化重要一柱石，请再进而申论之。

近百年来，中国正当满洲部族政权积祸积殃之余，而又值欧洲工商科学新文明骤起突盛之际，鸦片战役以还，积一百年之挫辱挠败，国人痛心疾首，不察其症结所在，而相率以中国传统文化为诟病。虑无不羡涎于欧洲之健斗，鄙中国为怯懦。乃最近世界大战续起，有兵不血刃而下一国，有大军百万俯首解甲而做俘虏。尤甚者，如捷克、波兰、法国，论其战斗精神乃下吾远甚。此何故？曰惟战斗心理相异故。见可而进，知难而退，此兵争之常律，欧人莫能外。而中国军人乃不然。见可有不进，知难有不退。于是东西双方之战斗心理乃大见其相异。惟其见可即进，故其使用武力无节限。无节限则耗减衰竭随之，而终不免于大挫败。惟其见难即退，故一挫败则斗志沮丧而易屈服。见可不进，斯其气力常蓄藏而有余。见难不退，斯其气力之蓄藏于平日者，乃奋发于一时，而见为不可胜。故在彼以至强而可以骤变为至弱，在我以至弱而终坚持为至强。何以见可即进，见难即退？曰其所重乃在利。何以见可有不进，见难有不退？曰其所重惟在义。中国民族之和平文化，乃一种尚正义的文化。中国军人之战斗心理，乃一种仗正义之心理也。古兵法有之，曰："先为不可胜，以待敌之可胜。"又曰："后之发，先之至。"此中国军事哲学之最高理论，亦即中国和平文化之最坚壁垒也。中国民族以正义和平为职志，故常不喜先动武力。一旦强敌入侵，两军相对，中国军人乃发挥其捍卫正义见难不退之精神而屹然为不可动。敌人惟利是视，其先由见可而进，其后乃不得不由见难而退。故中国武力之发动虽在后，而最后胜利点之争取转在前。凡中国文化之所以绵延展扩以迄今兹，盖胥赖中国军人此种战斗精神之配合。当国力充之盈，常以文化护养武力而不使之浪费。当国步之艰难，乃以武力捍卫文化而不使之摧折。侵略国家则不然。国力充盈，则文化浪用武力而使其耗竭。国运艰难，则武力脱离文化而促使之消亡。侵略国家之骤盛而骤衰者在此，文化国家之常弱而常强者亦在此。

双方之战斗心理既异，斯其所崇拜者亦殊。侵略国所重在胜利，故失败亦在所恕。盖胜败兵家常事。责其胜，不能不愿其败。文化国所重在和平，故每不欲多上人，然亦不轻为屈服。否则，既不奖胜，又不耻败，则将常为人脚下泥，供人践踏，何以自立。故侵略国之所欢忻歌舞赞拜诵扬者，皆一时获得胜利之英雄也。拿破仑兵败于滑铁卢，亲投英舰彼勒罗芬，然无害其为一世所崇拜。彼固已曾得胜利矣。中国则曰明耻教战。故项王欲渡乌江，而曰无面目见江东父老，终于自刎以尽。彼邦遇智穷力竭，则曰求荣誉之和平。而严颜之告张飞，则曰："西蜀有断头将军，无降将军。"故汉将如卫霍，唐将如英卫，功业烜赫，而若不为后世所重。在中国之所崇祀敬礼百世不衰者，乃为关岳文史。近人不深晓，或斥之为崇拜失败之英雄，不知"刚亦不吐，柔亦不茹"中国军人，初无成败利钝之见存其胸中，谓其崇拜失败，毋宁谓之崇拜正义。正义虽常得最后之胜利，而当危难颠覆之际，正义之尊严益显。中国人既重正义，故以大伐小，虽见为可胜，而鄙之曰不武。唐太宗征高丽，国人皆不欲。太宗违众意，顿兵安市城下，终于撤师而归，悔其轻举。夫以大唐之强盛，加于高丽之弱小，譬如以老牛偾孤豚之上，靡不得志。然而众意不乐者，非逆亿其不可胜，此乃中国民族熏陶于和平文化之下之神智之清明，故虽见可而不欲进。以唐太宗之英武，亦终屈于众意，不肆情一逞于武力，此中国文化尚和平正义护养武力不浪费之一证也。及于一旦外侮起，和平失，中国武力亦常能奋发以保卫其文化。感天地，泣鬼神，震河岳，变风云，不足以为喻。戴记所谓"天地有严凝之气，此天地之义气也。又天地有温厚之气，此天地之仁气也"。一以见天地之尊严，一以见天地之盛德。中国文化曰仁孝，曰忠义。仁孝，天地之盛德。忠义，天地之尊严。此二者，交染互织以成中国之文化，亦交辉互映以成中国之天地。今日者，强寇凭陵，国步方艰，忠义严凝之气乃蕴积感发于吾前线数百万浴血苦战之将士。可爱哉！中国之文化。可敬哉！中国之军人。

抑犹有进者。孔子曰："足食足兵。"又曰："以不教民战，是谓弃之。"汉武雄才大略。既决意讨匈奴，先于西北设诸苑，养马三十万匹，而公孙贺乃以太仆为丞相。汉军终得开塞出击，渡漠穷追，树后世百年一劳永逸之基。欲有事西南夷，先于长安凿昆明池，习水战。唐代武功赫奕，亦先于河陇设群牧监。自贞观至麟德四十年，得骏马七十万六千匹，为唐师远迹所赖。西起甘凉，东至察热，铠马所生，此乃中国之武库。而五代幅裂，尽成边外。宋室终以不竞。今者科学盛昌，海陆空杀人利器，日出月异而岁不同。非政治清明，何冀于科学之昌盛。非科学昌盛，又何冀于兵甲之坚利。非兵甲坚利，则吾所谓忠义严凝之气，又何所凭借以发扬光辉而克全其尊严。目击大难，缅怀前烈，窃愿吾国人皆知所以蹶然兴起，以无负吾民族传统可爱之文化，以无负吾国家当前可敬之军人，以共赴此忠义严凝奋斗救国之大业。庶乎仁孝与忠义相配合，温厚与严凝相调剂，将见吾国家民族传统和平文化永永辉耀于天壤之间，与人类以并存，与日月以齐光也。

三〇、一一、一二、总理诞辰成都空军军士学校讲演辞，刊登《大公报》三十年十二月星期论文

东西文化之再探讨

中国人独创东方文化，已有其五千年以上深厚博大之历史，顾其间亦未尝无与外来文化接触融和之经过。第一次外来文化传入，厥为印度之佛教哲理。其事开始于东汉，正当西历纪元后之第一世纪。其时中国政治制度社会风习以及人民思想经济各方面，方渐渐走入一衰退之厄运中。对其自身传统文化，发生甚深微之摇动。而印度佛教乃纯以其哲理与信心与中国人以一种和平而纯洁之刺激，以获得中国最高思想界热烈真诚之同情与探究，而印度佛教遂得全部移植于东土。其时中国人不仅虚心接受，抑且发扬光大，使流布中国之佛教哲理继续精深化，而有青出于蓝之誉。经过六百年之长时期，当西历纪元后第七世纪之开始，中国人已自衰退厄运中重新发现其固有文化之精神，创建隋唐统一盛世，灿烂光辉，照耀全宇，而在中国之印度佛教哲理亦已登峰造极，同时发展达于最高之顶点。正当西元七世纪中叶，初唐盛时，中国禅宗崛起，遂使印度佛教哲理完全中国化，以消融和会于中国传统文化之内。而于是中国人所独创之东方文化传统，乃成为包藏有甚深微妙之印度佛教哲理之大宝库。此乃中国人第一次接触其近西邻邦之异文化，而发现中国人惊人的虚心了解与深细调和之伟大能力，而完成其东方文化创展过程中一至艰巨之工作焉。

正当东方中印两文化在中国境内调和会合之际，而其更西邻邦阿拉伯有回教主摩罕默德之跃起。自此以往，回族文明，蓬勃光昌，与我大唐盛世东西照耀，为当时东方世界人类文明两大灯塔。茫茫人海，胥于此仰望而归趣。而我中国人正以其发皇荣盛之大气度，披豁胸襟，坦白展开其西北西南海陆两大交通线，以与阿拉伯波斯回教新文明相接触。其时大食波斯我西邻诸邦人，自海自陆，足迹遍中国。边陲腹地，靡不有其踪影。而广州一埠，据晚唐史籍记载，大食波斯商人之寄居者乃逾十万。盖已与我中国人如水乳之融，梅盐之和。其物质食货之相交易，精神学术之相濡染，其深细博大，尚为近世考古论史者所不尽悉。而回教礼拜堂遂与佛寺道院同为中国人民自由信仰之一宗。而回族人民亦乃为我近代中华共和建国之一支。盖经唐历宋迄于西历纪元后之第十三世纪，华回交通，亦复绵亘六百年之久。而我中国人独创之东方文化中，又复重新包藏有简洁刚劲之阿拉伯回教文化之大宝库。此又中国人再度与其更西邻之异文化相接触，而发现我中国人之勇敢宽容与宏深之消纳之伟大能力，而完成其东方文化创展过程中又一艰巨之工作也。

要而言之，印度佛教文明之影响于中国者，以信仰与思维方面为深。而阿拉伯回教文明之传播于中国者，以文物与创制方面为广。一属抽象的形而上者,一属具体的形而下者。然则中国人对外来文化接受消融之能力,直上直下,无粗无细,在内在外,兼容并包,如纳众流于大海,泱泱乎诚大平原民族文化应有之征象也。

阿拉伯回教民族与中国之交通,不仅克尽其华回文化对流之职责,更复为中国文明传播达于其更远西邻欧洲诸邦之媒介。继此而往,我中国文化遂与其更远西邻欧洲诸邦有较亲密之接触。初则阿拉伯人为之传递,继则蒙古人为之播宣,而中国物质创制为近代世界文明开先路之利器,如印刷术、制纸术、罗盘针、火药等等,乃次第为欧西人所习得,而为彼邦近代文明发展尽一至大之贡献。自西历纪元后第十一世纪之末叶,欧洲十字军初兴,为泰西中古时期以后接触东土文化之第一步。下至十五世纪之末,哥伦布放船西渡,直达新大陆,而全世界形势为之翻然不变。自此以往,葡萄牙、荷兰诸邦人相率接踵而达中国之海岸,则已在我明代之季世,西历第十七世纪之初期。而我中国自唐以下之盛极而衰,其文化之急激腐烂,一时情势之险恶,正无异于西方罗马帝国之覆灭。其间经五代之黑暗扰攘,幸而前后不出百年,而宋人遽能以其清明宁静之头脑,和缓平淡之手腕,将中国传统文化继续加以调整振作,为近代中国一千年文教风俗树立一新基。而不幸起衰拯敝之功犹有未竟而积贫积弱之势,骤难急挽。终不能对北方辽金压迫,做有力之挞伐。及乎蒙古忽起,以其震古烁今之武力,横扫欧亚两大陆,铁骑所至,如狂风之卷枯叶,绝无能起而抗者。南至印度,西及俄罗斯，无不俯首受其统制。而我中国当病后未健之余，金夏南宋三方分裂，各自撑持，犹能抗衡达于七十六年之久。经成吉思汗至忽必烈，积五世之经营，而中国全境始为所吞并。则我中国人数千年传统文化，虽主以平和建国，而其民族之团结坚韧，其抵抗外族侵略潜力之深厚伟大，超出并世诸邦，亦可即此大白以证。然正惟如此，而中国民族所受之创巨痛深，乃不可言喻。元代之统治历百载，而明祖光复，其三百年间社会之富盛，疆土之开拓，几与大唐相并驾。而明代人对传统文化之贡献，则实未能超过宋人之上。当耶稣教士挟其西方新文明，远渡重洋，剥啄款关之声初起，而明代社会已值鱼烂土崩不可收拾之时。不久而满族入主，中国人屈居部族狭义政权统制之下者又三百年。盖大体言之，自宋以来千年之中国，正为其文化新生迭受摧残较为黯淡之期。然马可波罗于元代来中国，尚复惊诧其政制之完密，文物之富盛，归而为书以诒西土，西土人怪之，有不以为信者。及夫清代初叶，当西历十七八世纪之间，西方学者尝深羡中国之文教风物，如中国儒家议论，与夫当时康熙一朝之政绩，每为欧西人所乐道。盖我东方文化之继续影响于西方者，迄兹犹未辍。此虽近世西方学者亦不讳其事。此诚足以证明我中国传统文化绵历之久，蕴孕之富。然就中国史本身言之，则此一时期之中国人，实较其祖先远为落后，虽为外邦所称道赞慕，而我中国人则所当引以为惭，不当引以为傲也。

自十八世纪中叶以下，西方科学之发明，机械之创制，突飞猛进，而工商百业，骎骎有一日千里之势。社会实力之富强，遂闯开人类亘古未有之新局。此两百年来西方物质生活之扶摇直上，急剧刺激西方人之内心，相应而起深刻之变化。科学的唯物论，与夫生物的进化论，遂弥漫流行于西方世界之心里。彼辈对其自身传统文化之看法，既已大异于畴昔。彼辈常目其当前社会谓居于历史进化之顶点，而又以其小我自身为社会之中心，以为各自有其无限自由之发舒。彼辈遂以白色人种为世界优秀独异之民族。于是挟其富强盛势以临我，其视我如半开化之蛮人，盖与非美澳诸洲土族相去无几。此显已与十八世纪中叶以前之西方观念大异其趣。而反视我中国人，自明代末叶经历清室政权三百年之间，本已在文化的病态下支撑度日，气量既不能如唐人之阔大，头脑亦不能如宋人之清明。西方新文化潮流源源冲荡而来，在嘉道以下，十九世纪之初叶，显已有莫可阻遏之势。而中国人颠顶闭拒，绝不能如唐人对外之勇快接纳，亦不能如宋人之深细分疏。然亦因其时西方正当物质势力高涨，其深深压迫于我者，实以商人之争利为前锋，兵舰之耀武为后盾。耶稣教士之在西方，早已貌是神非，跟逐于商人兵队之后尘，以宣传福音，配协于货利之争寻。我中国人对西方新势力之压迫，先则恶之忌之，后则惊焉眩焉。盖嘉道以下中国人心眼中之西方文化，一则曰货利，再则曰武力，富强二字足以尽之。因此中国人此后虽欲诚心接受西方文化，而看法既错，乃不能如东汉以下，中国人对于印度佛教哲理之从纯粹文化真理上探究其本源。于是为西方文化两大骨干之宗教与科学，遂同样为中国人所误认。中国人大抵鄙其宗教而尊其科学，而中国人所羡者，实乃西方科学应用之效果，非西方科学精神发明之源头也。近百年来之中国人，遂以其急功近利之浅薄观念，自促其传统旧文化之崩溃，而终亦未能接近西方新文化之真相。直至于今，前后几逾一百年之稗贩抄袭，非驴非马，不中不西，辗转反复，病痛百出。然就中国已往历史言，印度阿拉伯文明之消融接纳，前后各历六百年之久，而欧洲文化之来东土，则尚不过三百年。虽印度文化之传入，纯以学理信心相感召，故不易起中国人之反感。阿拉伯文化之传入，正当中国盛世，故易于大气包举。今欧洲文化之东渐，一方正值中国衰世，力不足以负之而趋。在中国之接势既弱，在欧洲之送势又过猛。十八世纪以下之西力东渐，实以商业兵戎为主，而文化学术为附，亦不能使中国人诚心乐就。合此两因，遂使近代中国人迷惘前却，走了一百年冤枉路，而仍未得东西文化第三度接触融和消化之益。然途穷则思返，今中国国内有识之士，乃渐渐觉悟纯以功利观念为文化估价之无当。自今以后，中国人殆将一洗已往功利积留，回头重认中国传统文化之真价值。亦必能同时认识西方文化之真精神。如此融会调和，若以中国对印回文化往例言之，再历三百年之时期，中国人必能胜任愉快，对此最后一批最远西邻之新文化，充分接纳消融，以完成其东方文化之创展过程中所遇最艰巨之第三步工作也。

今再就西方文化言。自十八世纪中叶以后，积二百年来物质生活之突飞猛进，亦复与其以往宗教哲学文学艺术种种传统相脱节,而形成畸形发展之态。内力不断向外发射,已达其周限,乃屈折反向自身,而造成近三十年来两度空前之大战争。此后西方人士殆亦将回头重对其自身文化有一番新认识。则其同时对东方文化亦必将有一番新估价。则最后世界人类两大文化,一东一西,为茫茫人海之两座大灯塔,到其时必将放射新光,互相辉映,使人类在惊浪骇涛中,重得靠岸。我侪在此全世界战云笼罩之际,而发心为东西文化之再探讨,其事虽迂,其愿实宏。深识伟抱之士,有闻声相赴者,我敬先三熏而三沐之。

三〇、六、刊载华西大学《华文月刊》一卷二期

东西文化学社缘起

旷观世界各民族文化大流，求其发源深广，常流不竭，迄今犹负支配世界指导人类之重任者，在东方厥惟我中华，在西方厥惟欧美之两支。顾此两大文化发生接触，若以我明代末年海上新交通线之创获为起端，亦复三百年于兹。而论其大体，犹尚以商货贸易为主，不幸则继之以兵戎相见。其能为此两大文化之渊深博大做恳切之介绍与夫亲密之沟通者，犹少见。近百年来，中华人士虽多醉心西化，远渡重洋，虚怀从学者，接踵相继，前后无虑千万数。然以正值吾族衰颓之际，而骤睹彼邦隆盛之象，以救急图存迫不暇择之心理，而杂以急功近利羡富慕强之私念，因此其对于西方文化之观感与了解，乃仍不能脱净三百年来商业军事上习俗相沿之气味。而欧美学者之对于中国，亦不免以一时贫富强弱之相形见绌，而未能虚心探讨中华传统文化之优美。此在双方，同为至可悼惜之事。夫各民族文化进展，常需不断有去腐生新之势力，而欲求去腐生新，一面当不断从其文化源头做新鲜之认识，一面又当不断向外对异文化从事于尽量之吸收。今我中华文化，在此积贫积弱之后，其有需于一番去腐生新之工作，既已为吾中华有识之士所共认。而西方文化自十八世纪以来二百年间，以各种新机器之发见，而使社会人生忽然到达一从未前有之境界，而人类内心智慧之发展，以及人群组合，国内国际各方面，均未能与新机器之发明联系并进，遂使人类社会同时遭遇创古未有之新难题。最近三十年来，世界大战争已两度激起，实为西方文化亦需要急速有一番去腐生新之努力之强有力之启示与证明。抑且此世界两大文化，实有为全人类根本幸福前途计，而有相互了解与相互沟通之必要与义务。罗君忠恕游学海外，有心此事，曾于民国二十八年之冬季，两次在英伦牛津剑桥两大学发表其对东西两大民族应对双方文化各做更进一步之发挥与相互融贯之工作之讲演，颇获彼中有识者之同情。并在牛津剑桥两大学成立中英学术合作委员会，发表宣言，赞同此事。此外国际知名学者，如爱因斯坦、杜里舒、怀特黑、杜威、罗素、诸氏均通函问，愿赞斯举。罗君返国，因发表中国与国外大学学术合作之建议一小册，略道其梗概。同人等对罗君意见，甚表赞同，因感有共组学会共同努力之必要，遂发起一东西文化学社，草拟简章，将本此广征国内同志集力进行。一面并拟约请国外学者，密切联系，共同合作。际此全世界东西两方正在共同流血苦斗之境地中，而吾侪忽倡斯举，似为迂缓。惟人类文化事业，乃为千百年根本大计。孟子云："三年之病，而求七年之艾。"同人等窃附斯义，谅国内外学者当不吝于赞助也。

三〇、六

东西人生观之对照

人类对于自己人生的观念，虽说千差万别，不胜诡异，然似乎大体上可以只分成两类。在暂无恰当名称以前，我们不妨名之为甲种人生观及乙种人生观，或说第一类人生观与第二类人生观。若定要标以内容含义，我们不妨暂呼第一种为现实的人生观，第二种为理想的人生观。

宇宙之伟大，与人生之渺小，双方极端映照，此为构成每一人人生观之核心与焦点。大体说来，比较偏向渺小方面者，是现实的；偏向伟大方面者，是理想的。现实的常以自我为中心，为自我而奋斗；理想的常依宇宙为归宿，为宇宙而牺牲。这是两大派人生观之分野所在。

换辞言之，现实的常有偏肉体的倾向，理想的常有偏心灵的倾向。从偏肉体的方面来认识宇宙，则常主张亲验与实证；从偏心灵的方面来认识宇宙，则常从事玄想与推理。主张亲验与实证，常易走向物质自然环境，为科学与艺术之起源。从事玄想与推理，则走向精神文化环境，为宗教与历史之前导。第一派喜欢自我的智识与自由，第二派着重对宇宙之信仰与崇拜。

喜欢自我的智识与自由，故主张小我独立；对宇宙发生信仰与崇拜，故偏于想望大群之团圆。前派可称为自依的，后派可称为依他的。因此两派人生对社群的态度亦自不同。第一派往往被目为俗的，即入世者。第二派则被目为道的，即出世者。其实前一派往往先入后出，而后一派则又往往先出后入。所以谓之先入后出者，他们因注重现实，先在世务上竞争，待其个人成功，则由热而冷，便想从俗务中抽身享福。所以谓之先出后入者，他们因注重理想，往往先有一段生活，避世绝俗，修道养性，待得有确然自信时，又重行回归入俗来宣导播扬，为大众服务。因此第一派之口号常是满足欲望。第二派的口号则为服从理性。

此两派人生因对宇宙对社群的看法各不同，故其对自身的态度亦判然有别。大抵第一派是自傲的，以自我为中心，以自我之智识为权力，以自我之伸展为人生之真理。第二派是谦卑的，他们常分心境为天人圣凡道俗理欲的两界。他们把上部心境（天、圣、道、理）代表超我的高级我，把下部心境（人、凡、俗、欲）代表私我的低级我。因此前一派所发展的是人间世的现实的权力财富地位名声等等，后一派所发展的是非俗世的理想的天理良心人格道德等等。再分言之，前一派有时是先傲后卑的，他们主张个人全在同一点上出发，全可做宇宙人生的中心结，这是他们所自傲的。但是实际竞争的结果，有胜利，有失败。失败者的权力财富地位名誉种种不如人，自然只有自认卑下。后一派有时是以谦自尊的，他们在所崇拜信仰的最高对象下，各自平等，所以谁也不敢妄自尊大，然而谁也不必妄自菲薄。所以第一派较活泼，因他们在同一点上出动，觉得前途无量。第二派较严肃，因他们在同一点上归宿，觉得责任无限。因此第一派常充满欢乐的气氛，因尘世现实较易满足。第二派常附以悲悔的情态，因天界圣境终极难望。

他们的态度，影响于对人。第一派常注重辩论，第二派则注重感化。第一派奖励聪明，第二派提倡慈悲。第一派常积极企慕成功，第二派常消极提倡同情。第一派的社群，常趋于阶级与斗争，第二派的社群，则趋于平等与和协。

以上所举两派人生，其显著的对比，可举西洋史上希腊文明与希伯来文明来做例证。希腊属第一派，希伯来属第二派。这两种显著的派分，也可从天然环境上说明其背景。希腊人在一个美丽舒服的环境下成长，他们没有可怕的高山，没有单调的大平原或沙漠，他们没有暴风雨恶天气。他们在一环列秀丽的山和清婉的水的各自分裂下居住。前面常是恬静的海，上面常是蔚蓝的天。希腊人自始便不感觉大自然之威胁，亦不感觉大群社团之嘈杂与麻烦。他们开始其快乐的个人主义的小我自由之现实生活。他们开始为智识之探究。他们沉醉于肉的享受。他们种下了科学与艺术之嫩芽。在他们自身生时已结有灿烂的繁花与甜美的果。至如柏拉图所倡理念世界之哲学，带有超现实倾向之意味者，此已在希腊文明盛极将衰之际，露出来的一种人生交替与转向之朕兆。

希伯来人处境与希腊绝然不同。沙漠地带之单调与沉闷，已使希伯来人的心地与海岛居民异致，使他们不得不感到自然之伟大与人生之渺小。又兼长期的民族流亡，西至埃及，东至巴比仑，转徙播迁，含辛不吐，又使他们感到人类大群的复杂力量与夫自己祖先民族历史之深远的追溯。所以在希伯来人中间，便产生了他们《创世记》一类的历史，与夫耶稣的《新约》。希伯来人自始即在忧深思远、悲天悯人的心境下生活。他们绝不想到可以用他们自己的智慧，来宰御天然，使为人类享福的材料；更不想到他们应该各个人各自自由独立，脱离大群社团来向世界别处伸展。他们所想望者，在使自己的社群如何融洽于宇宙；自己如何洽融于大群。他们不惜牺牲渺小的自我来贡献于宇宙与大群，根本没有使宇宙与大群来迁就我供奉我的想望。希腊人如小孩在跳跃与歌唱，希伯来人如老人在忧郁与悲叹。一则如在清晨，一则如在薄暮。若再把别个民族来比拟，则印度比较近希腊，阿拉伯比较近希伯来。①

希腊人处境的内环实在太柔和了，希腊人对自然界绝不

---

① 此处易启误会。因印度似为代表极端出世的人生，恰与希腊相反，而此处却谓其比较接近，亦有数故。一则就自然环境言，印度处境极为舒适，比较近于希腊，不近于希伯来。因此印度人之宗教思想中，带有极丰富活泼的神话，此正与希腊相近，而与希伯来严肃的一神信仰不同。印度宗教思想并发展而成对宇宙外界极细密的分析与极深妙的辩证，此亦与古希腊哲学科学思想乃至近世欧洲人思路相近，并不如希伯来宗教之偏于对外之崇拜与信仰。其他，印度社会各阶级之凝固性，印度人对历史观念之模糊淡薄，印度人艺术方面之发展，皆可谓其比较与希腊近而与希伯来远。然则印度人之出世思想，只是对现实处境太舒适，使其有无可用力之感，而发生一种玄思与厌倦。至其偏向自然与小我之精神，实与希腊相近也。

需发生恐惧迫害之感，因此使得他们进一步想改造自然，更来迁就自己。同时，希腊人的外环则甚宽阔，地中海四围，好像静待着他们去发展。他们可以驾舟扬帆，任意所之。然而好景不常，欢娱难再，人生到底还是渺小，宇宙到底还是伟大。希腊人的跳跃与歌唱，终于在马其顿骑兵队的铁蹄下停歇。西方罗马继希腊而起，罗马文化依然导源于希腊。罗马的人生，还是一个现实的自我伸展，复兼以罗马人军事与法制的天才，譬之为虎傅翼，更使其飞而食肉，创造一个震古烁今的大帝国。当罗马极盛时期，罗马人的生活，真可算是穷奢极欲，享尽人世间的安富尊乐。然而依然是好景不常，耶稣教徒一种沉重的脚步，连带一种愁叹的声息，早已在罗马帝国的下层大众劳苦贫穷的集团里面飞快散布。北方蛮族入侵，帝国瓦解，现实享乐的人生，深深地感到厌倦。栖山遁谷，逃绝尘寰，甚至于自毁肢体，极端的否定小我现实，以期心灵之安宁。在此九十度直角转向之下，欧洲人走上他们别一天地的中古时期。

欧洲史上中古时期不仅如上述，由第一种人生观转向而至第二种人生观，为两种人生观之交替；亦因那时欧洲文化已渐渐自希腊罗马滨海商业城市的活动，转向北方大陆土著农业的一种自然环境之转变。经过长期数百年忧郁的礼拜，悲悔的祈祷，欧洲人最先一种现实生活个人享乐的热烈要求，禁不住再爆发再燃烧起来。那一种新的活力，依然从欧洲南部海滨商业城市开始。从意大利向西至葡萄牙西班牙，再转北至法兰西荷兰英吉利，从地中海推扩至大西洋，一批批的商人在自由竞争、寻觅与攫夺海外财宝的观念下，如火花怒放，四散奔进。那时耶稣会教士却还手拿十字架，跟随在商人后面到处宣传福音。其实敲脂剥髓下的福音宣传，早已与罗马帝国时代的地下福音情调大异。从此欧洲人又重新走上希腊罗马时代的地上小我自由享乐的人生观。他们称中古时代为黑暗，他们把这一种转换叫作文化再生。科学的唯物论，是他们的新宗教。生物的进化论，是他们的新历史。这又是欧洲人在两种人生观上第二度的交替。

然而依然似乎是好景难常，人生有时依然还是渺小，宇宙有时依然还是伟大。最近三十年间连续两次大战争，对欧洲人地上享乐小我自由的人生观，已是够打击了。而且这两次大战争的演变下，德苏两国代表着大陆性的两民族，无疑地做了新战争中的一部分主要角色。在英法新帝国飞黄腾达之时，德苏尚是落后民族。然而正因如此，近世德国哲学在他们分裂混乱之不幸运环境中产生，始终带着一种严肃深厚的宗教感，与英法新兴思想主张现实享乐小我自由者别具异趣。帝俄志士在沙皇黑暗势力压迫下，最近百年来文学思潮上之所表现，更充满着悲天悯人的宗教热忱。他们国内大规模的工农组合与夫他们所提倡的世界经济新秩序，又恰与英美海国商人自由的近世传统相对照。所以这一次战争胜利谁属，暂可勿论，而欧洲人对其已往两种人生观的冲突之再起，及其已有第三度交替的可能之朕兆，则已十分暴露。无怪乎我们可以疑心欧洲或许在最近将来要再来一个耶稣复活,再来一个新"黑暗"。①

现在让我们回转头来看一看我们的祖国。我们处境,自始即没有希伯来人那般干燥与寂寞,我们民族的命运,亦没有像他们遭遇的沉痛。然而我们亦没有希腊人那般秀丽的山海与景色。我们没有像希腊人那样歌唱高兴,但亦没有像希伯来人那样悲叹失望。我们有希伯来人一般的历史回溯,但是没有发展成他们的宗教。我们有希腊人一般的艺术欣赏,但是没有发展成他们的科学。我们的人生,似乎正在希腊希伯来之间。若把世界民族文化在上述论点上做一线排列,应该是希腊、印度、中华、阿拉伯、希伯来。希腊与希伯来在两极端,我中华适处它们两极端之中心。

我们是以崇拜历史崇拜古代圣贤代替了崇拜上帝的宗教。其实我们民族的崇拜历史心理,已经是心灵上之理想化,已经是超小我的一种宗教信仰。崇拜古代圣贤,可说是一种人文教。崇拜天国上帝,可说是一种神道教。神道教要求灵魂超升,要求天国福德,是纯理想的、极端的,非现实的。中国人崇拜历史,因此不求灵魂超升,而求子孙绵延。这已在理想的超小我的精神里面羼进了现实的小我中心的成分。中国人一面崇拜历史,超乎现实,带有极浓厚的严肃

---

① 此处只指出目前欧洲文化已有破裂而成两个壁垒之趋势,却非指德苏两国之现状即谓足以代表欧洲未来之新精神。德国哲学中如菲希德及尼采等极端发展自我之主张,如黑格尔历史哲学以德国民族置于世界全人类文化发展进步之最高点,而鼓吹过度的民族自傲。又如苏俄共产党所信仰的阶级斗争的理论,皆十足呈现出近代欧洲文化面貌,与英法小我自由地上享乐主义,依然同根连枝。

性。但一面又相当看重现实，歌咏人生，接受享乐。因此诗歌文学艺术建造，在中国亦高度发展。中国人仍不失其一种活泼性。但中国人对宇宙到底不脱其虔敬的心理。虽说利用厚生，虽说尽人之性以尽物之性，而到底还是先要正德，最后还是要赞天地之化育。因此中国人没有像希腊人般想纯从人类智慧上去窥探宇宙之秘密，而毋宁说是像希伯来人般却纯从人类性情上去体认宇宙之伟大。因此中国虽有尽物性与利用厚生的主张，而却只走上艺术的路，没有走上科学的路。换言之，中国人只在无伤其理想上的宇宙尊严之下来利用厚生，来尽物之性。别一面则中国人又只在无伤其现实的人生情趣之下，来崇拜历史，信仰古人。因此，中国人生有其比较近于中和性的历史与艺术，而舍却比较偏于极端性的宗教与科学。因此在中国历史上表现的中国人生，虽亦有偏理想与偏现实的两个境界，但是理想既兼顾到现实，现实亦兼顾到理想。绝没有像西洋史上那般的各向极端相互冲突与相互交替。中国史只似一部西洋史之中和。因此，中国史没有大起落，没有激剧变化。儒家精神代表了中国文化之最高点。儒家精神之礼乐，便是希伯来式的礼拜与祈祷，羼和着希腊式的歌唱与跳跃。孔子曰："不如富而好礼，贫而乐。"孔子对于现实人生，既没有像耶稣般痛斥富人，亦没有如希腊人般一意货殖。①

让我们根据上面的分析，再回头来看一看近代的中国。近代中国人无疑地刻意要走现实享乐小我自由的一条路。他们说：中国已往，只是相当西洋的中古时期，我们得现代化。现代化的名词下，包含着反宗教迷信，反历史崇拜，提倡科学精神与个人自由要求。但是这里面不免有几点窒碍难行处。第一，科学精神与个人自由要求各有其深邃的真源，非可貌袭而取。在希伯来民族流离转徙之中，在罗马帝国崩溃的前后，绝不会发生科学精神与个人自由要求。在满洲部

---

① 此处如分人生为左右两翼，则左翼为科学与艺术，右翼为宗教与历史。所谓哲学，本与科学同源，亦复与科学同归。两者不当成并行之两分派。印度思想中之哲学气味实极酽，惟尚未发展至如近代之科学。即希腊人思想，自近代欧洲人视之，亦只可谓是哲学非科学。而艺术则印度希腊均仍发达故可同列左翼。若单就中国思想言，如老庄则近左翼。因其抹杀历史信崇而对自然为一种宁静深透之观察与分析，因其对人生亦主小我自由与地上享乐（此处所谓地上享乐之意味，近印度，不近希腊）。中国道家思想颇近于古希腊之德谟克利特士及伊壁鸠鲁一派之自然论，亦复与印度思想接近。故魏晋南北朝时代，佛教教理即以老庄思想为阶梯而渡入中华。若墨子则近人生之右翼。虽亦主张历史信崇，而更超越古圣先贤之教训而高抬天鬼。其对人生，主严肃苦行，牺牲小我以贡献于大群，俨然迹近宗教。故近人每以墨翟拟耶稣，实自有其相似处。而儒家思想则居道墨之中点。惟若再入细一层论之，则道家与佛说，墨家与耶教，仍各有不同。道墨两家仍各有其不失为中华思想之特征处。又上云科学与宗教各居左右两极端，若把横线改成圆圈，则科学与宗教正相接近。希伯来与希腊在此绾合而成西方文化之主要骨干以与东方文化相对照。如此，又可说东方中华文化偏在历史与艺术的右半圈，而西方欧洲文化则偏在宗教与科学的左半圈。若为人类此后新文化着想，东方人似应从西方纯科学的精神上来学科学，却不必提倡个人的功利主义。西方人则似应从了解东方文化之人生意味中来解决其已往两种人生观的反复与冲突。如是庶可交融互益。而所谓东方文化之人生意味，则实自有其立场与观点，自有其高明博厚处，却并非本篇所述两种人生观之双方互打折扣的一种调和与折衷。此诸问题，均已逸出本文范围，容待他篇另论之。

族政权长期压迫之下，乾嘉以后内乱外侮，相互迭乘，中国人从积威积弱之余，救死争存之不暇，同样地说不上科学精神，与个人自由要求。现代中国的处境，决不能像古希腊，亦不能像文艺复兴时代的意大利诸城市。近代中国人追慕现实享乐小我自由，并不能像一少壮青年在生力充沛酣睡初醒开眼起身时的情态，转而似于日暮途穷，倒行逆施。否则是信陵君醇酒妇人，不啻一种间接的自杀。貌是神非，绝不见其为一种科学精神上之现实与自由。其二，历史本无重演，近代欧洲毕竟与希腊不同。尤其是十八世纪以后两百年来的欧洲。希腊艺术胜过科学，所以虽无宗教，尚不甚病。而近代欧洲，则科学胜过了艺术，惟幸而中古时代的宗教已深入人心，尚可以补偏救敝。中国人却一意专从他们的科学方面着眼，又不能注意到他们科学精神的源头处，而只看重他们科学方法上之应用与享受。结果贵宾（科学精神）尚远在门外，而先来了一个恶仆（赤裸裸的人欲横流）。其三，现实享乐小我自由的人生观，其本身已附带一些毒素，需要有处发泄。近代中国的处境，较之十九世纪上半德意志俄罗斯的地位还要落后得多，然而近代中国人却无德苏两族那一点忧深思远悲天悯人的气味，我们尽是憧憬着英法先进诸国的富厚与逸乐。我们既无力向外伸展，我们不得不反身自相鱼肉。这三点，便规定了近代中国之病痛与命运。根据上述，我们若要全盘西化，我们应该在希腊现实人生外再体认一些耶稣教的严肃性。我们应该在英法海洋商业自由竞争的旁面,再顾及新兴德苏诸国的姿态。[①]我们固要科学,同时亦该要宗教。我们固要小我,同时亦该要大群。我们若要全盘西化,便该执其两端,不应偏走一极。这两端,在他们便不断冲突、交替,从异时间看来,便有古希腊罗马与中古时代的不同,复有中古与近代的不同。从同时间看来,又有最近英法德苏两种姿态的冲突。中国若说要全盘西化,又如何把这同时不相容融的两极端一气化成。然则执其两端,还须用其中,却不可空洞笼统地说全盘化。若要执两用中,则中国自身文化本是这两极端的中和。我们的历史崇拜,早已兼尽了宗教的职能。我们的艺术建造,早已预备了科学的先容。只要深透认识我们的固有文化,尽有吸收新质点,扩大旧局面之可能。既不必轻肆破坏,更不必高提人欲。道咸以下人所说中学为体西学为用的新格言,到此似还有让我们再一考虑的价值。

三〇、六、一四、成都青年会讲演辞,
刊登《思想与时代月刊》第一期

[①] 此处语义,与上文论及德苏两族者含义相足。通读前后,宗旨自显。惟在国人心习专主崇拜西化者视之,似乎作者亦在主张纳粹政治或共产思想,则实与鄙文立意大背。下文所云我们要科学同时亦该要宗教云云,亦请读者以同样眼光读之。

战后新世界

战后新世界之轮廓，这是一个值得我们现在提出讨论的问题。大家一谈到此，便不禁先要问目前战事的胜利谁属？窃谓此事虽似重要，而实非讨论本问题之关键所在。大抵人类战事，概括言之，不出两种轨辙。第一种战争，起于当时社会上的最高传统势力，膨胀到相当限度后而自身破裂恶化，由其内部自起斗争。这一种战事的双方，虽一时若有胜败之分，而其实则必至于两败俱伤。败者固败，而胜者亦非胜，只可谓之暂胜，或假胜，亦可说是缓一步的败。在此种传统旧势力之崩溃下面，则开放着社会新兴势力之生机，而人类文化又得演进到一新阶段。第二种战争，起于当时社会在传统最高势力下，已先有一种新势力潜滋暗长，而不免为前面固有的传统最高势力，即当时社会的旧势力所阻抑，故意施以摧残，而激起斗争。这一种战争，虽若新旧两势力强弱悬殊，而此种新势力，居然能在固有的传统旧势力下成长，而又能向此固有之旧势力奋起对斗，则此种新势力实在已经得到初步的胜利，而且已是一种决定性的胜利。当知旧者必覆，新者必兴。此种战争，亦只是其斗争时间之长短问题，而并非胜败谁属的问题。上述人类战争之两轨，不仅可以用来解释历史上各种军事的斗争，并可用来解释历史上各种文化思想的斗争。照理言之：战争本不是人类社会进步所必要的程序，理想中的人类文化，本不应让一种势力过于传统僵化而阻碍新生势力之成长，亦不应让此势力膨胀逾分，自己腐化恶化而趋于溃烂横决。因此战争本不为人类文化进展理论上必要之一步骤。而就事实言之，则战争常常足以为新兴势力开放门路，并促成旧势力之覆灭，而引速人类文化之演进。

我们根据上述分析战争之两观念，可以说上次一九一四的战争，大体上是一种欧洲战争，属于第一类。第二次目前的战争，则是一种世界战争，而为上述第一第二两类战争之夹杂。何以说一九一四是欧洲战争而属于第一类呢？我们试放眼通览世界大局，自十五世纪末叶欧洲西葡两国发现海外新航线，直到最近四百多年，全世界人类精力表现，几乎尽在欧洲。这四百多年的世界，简直只是为欧洲人特设的舞台。这是一种人类社会的新势力。这一种势力，具体言之，是一种中层阶级工商阶级之资产势力。向内则有代议政治的争得，向外则有殖民地之征服。内面的代议政治成立，和外面殖民地征服，是支持这一种势力的两个基点，亦是营养这一种势力的两条血管。这四百年来的世界史，大体上以一部欧洲史为主脑，而这四百年来的欧洲史，大体上又以一部英国史为中心。代议制度与殖民政策都在英国收获最好之结果。英国既然继承西葡荷兰诸国之后成为海上皇后，而接踵而起与英国争此一席者，先有法，次有俄，最后有德。欧洲继续不断的斗争，直到一九一四而登峰造极。这一个姿态，正如一远行人，在绕着大弯转入新方向。然而此非对人类文化演进路程具有超然旷观之特眼者不之知。若据最近目光视之，则如其人依然逐步前进，看不出他的大弯子与新趋向。惟其一九一四乃欧洲四百年来的传统势力在绕大弯转新向，所以这一个战争，只是历史上一种传统旧势力膨胀过度后之破裂与崩溃。德奥方面固然败了，而英法方面也并不曾胜利，至多是假胜利，是较迟一步的败。法国不用说。从一九一四大战之后，领导世界之霸权，海上的新皇后，显然已自英伦移让于新大陆的美国。而东亚之日本，亦乘机渔利，其在太平洋上的势力，渐渐与英美相颉颃。这是战后英国显然未获胜利之第一点。纵然说英国人最能切实因应，其殖民政策最圆滑而成功，而在一九一四大战结束后，如加拿大澳纽南非诸邦，莫不获得自治领之地位，与英国本土得有相等之自由。此即证明一九一四之战，乃欧洲四百年传统殖民政策之摇动解放与转变，而非进一步之扩张与征服。若论德俄诸邦，正因军事失利，而国内政体获有剧变。且莫问法西斯与共产制度之是非得失，但论这一种转变的外面，已足证明又是欧洲四百年传统的代议制度在摇动解放与转变，而并非中产阶级的代议政治之更进一步的稳定与完成。向内的代议制度与向外的殖民地征服，正是欧洲四百年新兴中产阶级发皇滋长的两骨干。这两骨干之摧折，正足证明了一九一四大战实为欧洲四百年来传统旧势力之走向解体。而于是新兴势力遂得乘间抬头。故说一九一四大战，是人类文化演进之绕大弯转新向。

至于这一次的战争，显然与上一次不同。上一次战争重心只限于欧洲一隅，这一次战争则显见是世界的。而且这一次战事之最先发动，不在欧洲，而在东方亚洲。中日战争，无疑地将表演成这一次战争里最重要而最有意义之一幕。何以言之？中国自晚明万历以来，酣嬉太平之后，一身中了疯痹症，心脏疲弱，四肢麻木。接着是满人入主，欧力东渐。本来中国民族在世界人类文化剧场，乃一出色主要名角，曾连演过几出大轴好戏。这时候，几乎被迫退出剧台，有求为一跑龙套而不可得之势。直到辛亥革命，孙中山先生以三民主义领导着中国民族为自由解放而奋斗。这一个新势力，正在四百年来欧洲传统殖民地征服政策之溃裂与大转弯之际出现，无疑将为此后世界文化新趋向一种重要的决定因素。日本则在此一百年内，接受了欧洲科学文明，正在一九一四欧洲战后，乘着欧洲传统殖民地经营势力之落潮，而想与君代兴。日本殖民政策，只是欧洲传统的一条尾巴。所以这一次中日之战，显然是上述第二类的战争。我们称之为革命战争者，正因此乃一种世界新兴的文化势力与传统旧势力之争。简捷言之，实为一种反抗殖民侵略之战争也。故其意味实与列强间要求殖民地重分割的第一类战争迥乎不同。今论对于欧洲四百年传统殖民政策下之革命战争，其第一次自当为新大陆美国十三州之独立，依次传播而至南美诸邦，这一个殖民地经营之解放运动，早已远在一七七六年北美合众国发表独立宣言时，放一预兆。然而美洲独立，依然是白色人种内部的释放。至于这一次东亚战争，则始为白色人种以外的中国民族开始对四百年来传统殖民侵略势力之对面争斗，故其意味又见不同。然正惟美洲尚是一种殖民地解放之先锋，故在一九一四的战事中，即产生了美国威尔逊总统之十四条宣言。欧战结束后，世界领导权，已显然有自英国转移到美国之势。这是一个殖民地经营的传统势力渐渐过渡到殖民政策解放的新兴势力之一个具体标帜。只是历史变动，常常绕着大弯，不能直捷地转向。因此欧战结束，《凡尔赛和约》之后，居然来了一个日内瓦的国际联盟。倘使英法对此新机构能诚心支撑，则东亚"九一八事件"，决不如此对付。英美早能合力阻止日本扩张殖民地的野心，则此后世局或可改观。不幸而英法依然为四百年来欧洲旧传统所缠缚，没有能看准此世界文化在大转弯时代之新路碑，因而在东方激起"七七事变"，为世界大战行揭幕礼。这一次战事，中日两国的激烈斗争，正足证明其与一九一四欧洲战争之决然不同性。而这一次美国对战事的态度，亦与一九一四全异。方一九一四欧战初启，美国本意严守中立，直到一九一七始行参战。而临了的和约，美国人又拒绝批准。可见美国虽参加欧战，而到底并不在扮演主角。日本对上次欧战，更是淡漠，只求在东方坐收渔人之利。这一次则日美两国态度均与上次绝异。美国自始即偏袒英法，此后罗邱会合宣言成立大西洋宪章，遥遥为上次威尔逊总统十四条宣言之嗣响。一面又不辞两洋作战之艰苦，日美妥协到底无望，这正说明这是一个世界战，与上次之欧战不同。中日美三国已转居主要地位，太平洋战事与大西洋战事至少有同等的重量。根据这两点观察，故说这一次战事始是世界性的，又是本篇所分析第一第二两种战争之混合战。尤其是太平洋战事中之中国地位，乃对旧世界四百年传统殖民侵略文化之一种革命战争，更应该具有决定将来新世界之重要意义。

如此照我们中国人立场论之，此次战争，直可名为一种开辟世界新文化的战争，或简称新时代战争，以别于以前时代之传统旧文化的战争。自此以前四百年，世界文化传统为欧洲中心之传统。此种文化，以四百年来欧洲各国新兴中层资产阶级为主干，其对内为争得代议制度，对外为殖民地之经营。那时的战事，大体言之，对内则为民主政体之革命战争，对外则为殖民地扩张与殖民地分配战争。而莫不以欧洲为中心。此次战争之第一收获，则将为殖民地经营之阻抑与停止，以及殖民地统治制度之解放。此后世界新文化将为世界平等，而非欧洲中心，于是而有一种新国际。四百年来之世界旧文化，另换一面看，则为资本帝国主义之文化。若殖民地经营阻抑，殖民地统治解放，则资本帝国主义失其凭借，而四百年来传统中产阶级，既不能向外榨取殖民地财富以自封殖，其在国内之优势亦将不能持久。于是各国政治旧体制，亦将依随变进，成为一种真的全民平等，而非财富中心，或阶级专政，于是而有新政体。内部的新政体与外面的新国际，交织而成世界之新文化，为世界别创一个新时代。

而此种新时代与新文化,皆将于此次大战辟开门路。故曰此次战争,当定名曰"世界的新文化战争",或简称新时代战争也。

若根据上述观点来论战后世界,则有两说首当辨正。一者认为此次战争,只为世界人类大决斗之开始。自此以往,国际斗争将愈演愈烈,非至世界归于一统不止。此种看法,乃误于承袭旧传统,以欧洲为中心之殖民地争夺,以为现世界人类文化尚在逐步向前,继续演进,则殖民地争夺之最后一幕,自必为一强之并吞全球。抑且此种理论更重要的根据,还是中了最近百年来德意志人所谓"国家至上""武力至上"的流毒。当前世界形势,早已转变。武力争夺殖民地的战争,到一九一四的欧战大战早已宣示其失败。这一次的世界大战,更足证明四百年来欧洲中心旧传统的殖民地经营,路途已穷。目下世界文化,正在绕着大弯朝新方向进行。若仍然认为一个国家的武力可以征服环球统治五大洲,此真所谓:"鹪鹏已翔乎寥廓,而罗者犹视夫薮泽也。"说者所以持此,每引中国古代战国相争秦人统一为例。不知战国相争,正是本篇上述的第一类战争,此乃西周以来八百年封建贵族传统势力之过度膨胀而趋于破裂,自己崩溃。六国虽败,秦亦未胜。秦国之胜,只是假胜。秦只是缓败,只是封建传统旧势力之最后一个败者。而真正胜利,则为新起的平民阶级。两汉政府四百年规模,此才算是真胜。或者又要据此推论,谓当前资本帝国主义,亦将在继续不断大战争里次第覆灭,而最后则成为世界无产阶级之革命胜利。此一说，依然误于承袭欧洲中心的旧传统理论。当知马克思共产党宣言已远在一百年前，彼时马克思亦只依据欧洲传统中心立论，而未能旷观全球。近世资本主义剥夺劳工固如马氏之说，而欧洲资本主义之更主要的基础，则建筑在国外殖民地财富之朘吸。因此资本帝国主义内部劳资对立固为事实，而帝国本身与殖民地之对立，则更属重要。当知帝国内部无产大众，较之殖民地富人，大体上说来，他们依然是富人，而殖民地全体才是真正被削剥的劳苦大众。在欧洲中心圈里说，资本主义之崩溃，将为无产阶级之兴起。而在超欧洲中心的整个世界来看，则欧洲中心的资本帝国主义之崩溃，将为殖民政策之告终，与殖民地统治的解放。诸人之所谓国际，其目光只限于欧洲中心。宁知欧洲以外尚有更多区域，根本还没有平等的国家地位，更何从而说国际？因此在超欧洲中心的世界趋势论之，所谓国际共产思想，显然还见其隔膜。而且经济固然为人生重要的一部，亦绝非惟一重要的一部。就欧洲中心的帝国内部而言，劳资阶级对立，只是一个经济问题。只要分配平均，阶级对立即可取消。若超欧洲中心言之，凡属欧洲以外之殖民地与次殖民地，与欧洲帝国主义之对立，除却经济问题以外，尚有文化问题，更属重要。除非如非澳美洲的土人，其文化程度根本不能与四百年来欧洲中心传统殖民势力相抗衡，则日就澌灭，不致再引起大纠纷。而亚洲东方诸民族，则原各有其悠远深厚的文化传统。至少言之，亦多与欧洲文化同样悠远。此等诸民族，虽一时为此四百年来欧洲殖民新潮流所淹浸，然而并不如非澳美洲土人之再无抵抗能力而从此吞卷渐灭以尽。他们遂成为这世界四百年来大潮流下处处潜隐着的暗礁。一九一四欧洲大战，土耳其虽为失败的一国，而在大战结束后，便有新土耳其之兴起。此次战事中，土耳其尚能保守中立，有其举足轻重之地位。印度民族在上次欧洲大战中，曾对英国尽其贡献。这一次英印问题，未得圆满解决。然印度民族终将奋起，为其民族前途之自由而奋斗。而英国亦终将停止其对印度做殖民地统治之传统政策，而无法不允许印度之自治与独立。中国民族在此一百年内陷于次殖民地的困境，今已全国觉悟，非得民族与国家之解放，其一致抗争将永不休止。蒋委员长最近曾谓："中国印度两民族不获自由，东亚将永不和平，而世界亦将永无真和平之希望。"此正明白指出了此后世界新时代与新文化之一面。当知此等诸民族之要求平等解放，其内心急渴所望，经济问题尚在其次，而更宝贵更深刻者，则为文化问题。他们将努力于自身文化之更生与复活，来为此后世界之新时代新文化做有价值之贡献。亚洲诸民族的传统文化，尤其是中国与印度，本来素抱世界大同的理想，但在他们国家民族自身没有得到平等自由的地位时，他们将对此问题，不感兴趣。此在孙中山先生三民主义所讲头彩藏在竹杠里的喻言中，早已吐露得十分清楚。而世界大同若无中印两民族七万万五千万人民之参加，势将难于实现。如此则太平洋宪章理当继续大西洋宪章而出现。而凡疑心此次世界大战以后，接踵而来者，当为马克思式之预言，世界无产阶级联合革命，则又如见卵而求时夜，见弹而求鸮炙，未免失之早计。

我们若将上面两种推测破除，而试预描战后世界之新轮廓，则大体上战后世界当为一亚美欧三洲平等分峙的世界。在短期的将来，此三洲皆当自谋一比较和平而宁静的一段时间，来各各为人类世界更远大的新文化谋建设。直要到此三大洲文化之发展到相当程度，又互相密切沟通，如中国古代战国时代，虽列国分峙，而孔子、墨子、孟、荀、庄、老以及其他各大思想家，几乎无一不抱超国家的超战争的和平世界主义，悬想一个理想的大同世界，渐渐形成一种新力量，而后在封建传统势力逐步崩溃之际，自然呈露出一个统一的新境界来。然而这是更进一步的话。若在目前战后的先一阶段，则应该是"世界和平""民族平等"来代替"欧洲中心"，应该是"全民自由"与"文化自由"来代替"欧洲中心"，应该是"全民自由"与"文化自由"来代替经济压迫，应该是一个"国际和平联合"来代替"武力的殖民战争"。以下试就亚美欧三洲各各分别言其概略。

先论欧洲，欧洲是此四百年来的世界中心；而英国是此四百年来的欧洲主脑。因英国人之切实因应，代议政治与殖民政策皆在其手里达到圆熟。然而此四百年来的资本帝国主义早已走上绝路，英国遂不免为众矢之的。要在四面八方招架、应付，而英国亦遂感到棘手。若果英国人政治，始终不失为一种开明而圆滑的政治，则英国人将依然运用其切实因应之手腕，迈步追上此世界新潮流，而做欧洲新文化之领导者。德国的纳粹主义，对内不脱资本主义独裁之变相，对外不脱殖民地再分割之老套，全在一种反逆世界新潮流的趋势下努力，自将见其徒劳而无成。苏维埃新政制不失为一服针对资本主义之解毒散，将来新欧洲之整理，或将在英苏合作的条件下完成。欧洲诸国，自中古宗教革命以还，早已失却其凝合的中心。此后只是络续分途向外发展，一时并辔联镳，若有海阔天空并行不悖之致。然此只是暂时现象，一到世界殖民地宰割已穷，则资本帝国主义之毒素，对外不能畅泄，不免要转向内部作怪，在自体里轧轹。彼中数百年来各自创造的民族文化、民族历史、民族信仰，一旦要求融和凝合，此非易事。此后的新欧洲，因势利导，第一步恐怕依然是"民族自由"与"国际联合"两条老路之分头齐进。首先我们希望战事结束后，不再要遗留像以前般的巴尔干半岛与多瑙河流域的复杂形势，来牵动欧洲全局之和平与宁静。其次，我们自然希望新欧洲不要做全世界的巴尔干与多瑙河流域，来牵动新时代的和平与宁静。新欧洲之将来，定要重新汲源于古希腊之艺术哲学及中古时期之宗教信仰，渐次凝结成一单位，再来贡献于更远大的世界新文化。

其次我们说到美洲。美洲只是欧洲文化一新芽，一嫩枝，然而因土壤与空气之不同，使此新枝继续成长，渐渐有大过其本干的趋势。我常说，现时代国家之体制，只有美国比较最近于中国传统的国体，因为一样的不是向外征服的帝国。而远在一百六十多年前的美国独立战争，实已为这一次的世界文化战争树其先声。无疑地，此后的美国，将继续为世界新文化中之有力分子。在现代美国人手里，具有两件法宝：第一件是直从新世界移民到十三州独立以来的一种新的爱好宽大、自由与和平的心理。此自一七七六年的独立宣言，直到上次欧洲大战中之威尔逊总统十四条，以及这一次罗邱宣言之大西洋宪章，都是表示美国人的新鲜气象与活泼精神。第二件法宝，是欧洲旧传统下的科学文明。战后的新世界，虽说要辟开一个与前不同的新时代与新文化，而旧传统下之科学文明，则仍将继续增新，继续发展。美国人因其地大物博，传统科学到他们手里，放出一种与欧洲旧世界异样的光彩，此后必然还要继涨增高。美国人可以本他第一件法宝，来使用他第二件法宝，为战后世界物质复兴之新源。美国在旧世界传统文化下是一位小弟弟，他在战后世界文化里或将是一位大哥哥。

再次说到亚洲。亚洲是人类文化之摇篮，亦是世界文化演进史里的老前辈。只在这最近四百年欧洲殖民大潮的冲刷下，遇到种种击荡与淘汰。但是大体上，亚洲诸民族依然不失其坚韧的存在，并常常不失其文化复兴一种真诚的内心需求。尤其是中国，它自然是亚洲一个最光明灿烂的国家。不仅有其独自创辟与独自绵历的一种独特文化，它并且能吸收融和了亚洲其他各民族文化之优点而冶为一炉。印度佛教精华，全部在中国。回教自唐宋以来，亦成为中国文化中一部分。中国民族隋唐以前，与其近西印度相接触。隋唐以后，与其远西阿拉伯波斯诸邻相接触。中国人莫不虚心接纳其邻国文化之渊深处。下至于以物质发明工商技艺相交利，而从不出于武力兵戎之征服攘夺。最近百年来的衰运，自与更远西的欧洲殖民新潮流相接触，中国人一样肯虚心接纳。只要可以消融于中国传统文化下的远西思想与文物制度，中国人无不乐于取法。中国民族之复兴，与其传统文化之重光，自将肩起领导亚洲诸民族古文化复活与亚洲诸族新平等新和平曙光之重现之最高责任。日本民族正在欧洲传统殖民侵略四百年大流将次枯涸之际，要来推波助澜，此与纳粹德国一般，无论如何努力，终将消泪而尽。

如此则只要中国民族奋斗不衰，亚洲和平自然有它的前程。战后的中国，一面固当虚心学习欧美文化之一切，尤其在它一时特缺的科学方面，而中国自身所有古文化之渊深博大，如其在政治制度上，教育思想上及社会伦理上，种种可宝贵的经验与教训，实为对未来新世界更进一步之新文化有其极伟大极珍贵之价值。此则中国民族虽在今日艰苦奋斗之历程中，不应不急急早有其诚恳之自觉与自负。

临了，我有几个简单信念。我想单是武力与战争，解决不了人类的一切。单是经济与财力，同样解决不了人类的一切！若用抽刀断水的办法，要割断人类全部传统文化大流，来在薄薄的横截面上，以一旦之贫富强弱，争一日之胜败利钝，更解决不了人类的一切。当前我们正面对一个有关世界文化的大战争，请国人放大心胸，回头一体味人类世界已往全部文化的演进，把当前四百年来欧洲中心的帝国殖民文化安放它在一个它所应占之篇幅与地位，则自然我们有勇气，有信念，可以认识这一个有关世界新文化战争之使命与前程，而自己好准备来对战后新世界走我们应走的路，尽我们应尽的力。

三一、五、刊载《学思》一卷十期

新时代与新学术

学术随时代为转移。新时代之降临，常有一种新学术为之领导或推进。大体言之，承平之际，学尚因袭。其时学者，率循前人轨辙，继续研求，由本达末，枝叶日繁。学术有其客观之尊严。门墙藩篱，不可逾越。方法规模，竞相仿效。学者为学问而学问，其所贡献，乃为前人学业释回增美，使益臻完密，或益趋纤弱而已。变乱之际，学尚创辟。其时学者，内本于性格之激荡，外感于时势之需要，常能从自性自格创辟一种新学问，走上一条新路径，以救时代之穷乏。而对于前人学术成规，往往有所不守。此种新学术，常带粗枝大叶猛厉生动之概。前者大体乃以学问为出发点而使用学者。后者大体则是以学者为出发点而使用学问。

然所谓新学术，亦是温故知新，从已往旧有中蕴孕而出，并非凭空翻新，绝无依傍。新学术之产生，不过能跳出一时旧圈套，或追寻更远的古代，或旁搜外邦异域，或两者兼而有之。从古人的或外邦人的所有中，交灌互织，发酵出新生命。此种新生命，可以使动乱的时代渐向承平。而此种新生命，遂为其所开新的承平时代学者所遵循，而渐趋烂熟，渐成衰颓，以至于枯老腐败，而时代又起动乱，新学术再自茁长。

若以此意看中国史，如春秋晚期以迄先秦，如北朝周隋之际以迄初唐，如北宋庆历熙宁以下迄于南宋之高孝，如明清之交嬗，莫不有此一番景象。他们一面追寻到古代旧传统，而另一面则远搜及于外邦异域。孔子自称好古敏求，同时跨出鲁国曲阜的小圈子，遍历诸邦，一代名贤耆硕，无不奉手请业。其他先秦诸子，大率皆然。魏晋大动乱以后，名流胜业，络绎渡江。其留滞在北者，困厄之余，抱残守缺，转从古经典得新精神。彼辈流离于长安，奔进于五凉，转徙于大同，仍与蓟辽齐赵诸儒汇合，又自大同南下而至洛阳。魏孝文时，北方已有一种新发酵，盎然勃然，不可掩抑。其时别有高僧达德，远行求法，拓迹及于天竺锡兰。而南方学者亦有返北。错综酝酿，磅礴郁塞，直到周隋初唐，终开中古之盛运。而南朝摩登名流，始终跳不出魏晋老庄之樊笼，宜其不竞。此际一段北学精神，拟诸北宋晚明，实无逊色。纵观西史，情亦略似。当中古时期之末叶，第十四世纪开始，有两大渊源，近世精神从之发脉。一曰大学校，一曰十字军。大学校于典籍研索中发现历史世界，使欧洲人士再得游神于古希腊罗马之伟大。十字军远征，使欧洲人开眼觑对新东方。即哥伦布探获新大陆，西方史家亦以谓不啻十字军之最后一幕。此种旧历史与新世界之呈露，最足开豁心胸，使人不禁生高瞻远瞩，豪呼狂啸之情。于是复兴革命之机缘成熟，而近代欧洲随之呱呱堕地。

今日我人之新时代，诚已呼之欲出。而我人之新学术，则仅如电光石火，闪烁不定。尚未到灿烂通明之候。然火种已着，风狂则火烈，不患不有烧天之势。若放眼从源头上观，乾嘉经学，早已到枯腐烂熟之境。道咸以下，则新机运已开。一面渐渐以史学代经学，一面又渐渐注意于欧美人之新世界。此两途，正合上述新学术创始之端兆。近百年来之中国人，固已荡胸涤肠，渴若饮海，愚欲移山，左右采获，博杂无方。正如先蕴压一粒火种，又复积薪不已，虽一时郁塞难扬，终必怒焰飞熛，破空而炽。

所以近百年来之学术，长久郁塞，亦自有故。乾嘉与欧美（此非指目前欧美言），比较皆在升平盛世，而我侪则局身动乱之中。吾侪最先本求摆脱乾嘉，其次乃转而步趋欧美。及其步趋欧美，乃觉欧美与乾嘉，精神蹊径，有其相似，乃重复落入乾嘉牢笼。吾侪乃以乱世之人而慕治世之业。高搭学者架子，揭櫫为学问而学问之旗号，主张学问自有其客观独立之尊严。学者各傍门户，自命传统。只求为前人学问继续积累，继续分析。内部未能激发个人之真血性，外部未能针对时代之真问题。依墙壁，守格套。新时代需要新学术虽至急切，而学术界终无创辟新路之志趣与勇气。

本此症结，显二大病。一则学问与人生分成两橛。不效乾嘉以来科举宦达，志切禄利，则学欧美自由职业，竞求温饱。二则学问与时代亦失联系。学问自身分门别类，使学者藏头容尾于丛脞破碎之中，以个人私利主义而讲专门窄狭之学。学问绝不见为时代之反映,仅前人学问之传袭而已。学问亦绝不见为人格之结晶,仅私人在社会博名声占地位之凭借而已。平世所重,不妨即在学术自身,故人务献身于学问而止。乱世所重,则在人才与事业,故学术亦以能造人才兴事业者为贵。而当以真血性融入真问题,自创自辟,乃能为新时代新学术之真酵素与真火种。此与工厂化职业化,在现成学问之死格套内从事一钉一塞之畸零工作者不同。然酵素与火种,并不绝于此百年之内,而到底火不燃,酵不发,则尚犹有故。

乾嘉时代,学术与人事脱节,循至政荒于上,民乱于下,其时学风亦渐萌变动。如经学之自校勘训诂考据渐变而为微言大义经世致用,一也。又变而为史学之典章制度民生利病,二也。向使道咸而下,暂不与外来西洋潮流相接触,中国社会仍必乱,清代政权仍必倒,学术思想乃至政治制度社会风俗仍必变。惟若中国先变成一个样子,乃始与欧美新潮流相接,则中国人可以立定脚跟,面对此新潮,加以辨认与选择,而分别我之迎拒与蓄泄。不幸鸦片战争已占洪杨发难之先着,中国内部尚未寻得一变的方案与变的机会,而欧美新潮已如惊浪骇涛,排山倒海,汹涌而至。使中国人立脚不稳,倒栽入漩涡中。其时中国人遂欲一面自变旧学,而一面开迎新学。梁启超张之洞皆主以中学为体西学为用,彼辈所谓中学,绝非乾嘉校勘训诂考据之遗绪。彼辈之意,殆欲从传统历史中求一道路,来创建政治改革社会,自本自根,而副以西方科学兴实业图富强。而欧美新潮,乃如飘风骤雨，挟其万马奔腾之势，蹴踏横扫而前，中国自本自根之新学术，急切不易变出，而时代则急转直下。戊戌政变之后，继以辛亥革命。孙中山先生之三民主义，虽涵蓄深广，上承远古，旁采外国，亦主以旧历史新世界交织互灌，自辟新境。然其党徒已多所不憭，于是群议众论，率求以民国政体全部推本之于外国。如是则中学为体之壁垒，已为外面洪流撞一大洞，不可久守。如是而再从政体进一步追寻其根柢，而及于学术思想社会组织，乃至一切文化之全部，继变政之后而有新文化运动，以及社会革命，乃至全盘西化诸理论。至是则中学为体西学为用八字，乃不敢挂于唇吻，亦不敢藏之心胸。中国人至是已为西洋潮流疾卷而趋，翻翻滚滚，头出头没，再不能挺身站起，对此澎湃洪流，正面一看。

若旷观世界民族文化大流，求其发源深广，常流不竭，厥惟两支。一在东亚，即为中国。一在西欧，自埃及希腊罗马递嬗而成今之欧美。满族盗憎主人，以部族政权入踞中国，常欲室源堵流，使中华文化渐成死水。断港绝潢，异于旧观。道咸时代的中国人，神智尚清，有意为浚源疏流的工作。不幸源不畅，流不壮，而欧美新潮如洚水逆行，冲决堤防，倒灌而入。民国以后人，受此冲击，神智转迷。彼辈常求以新水刷旧槽，见雨水斗啮，则常怪源塞不密，流堵不尽。故道咸时人尚知反向历史自寻出路，而民国以来人则重斩此萌芽初茁之新史学，强抑为乾嘉经学之陪台附庸，而美其名曰以科学方法整理国故。盛誉乾嘉校勘训诂考据之支离破碎，以谓惟此有当于西洋之科学方法。既抑道咸以来之新史学为经学之陪台附庸,又抑乾嘉经学为西洋科学之陪台附庸,其意必欲并黄入淮,纳诸一流而后快。而不幸西洋新潮,其末流亦复万壑竞泻,众溜争趋,斗啮不已。使人回惶摇惑,骤不得其宗主。即以政制言,或主英美民治,或主苏联共产,或主德意独裁。不知溯其渊源,三者貌异而神同,其本仍出于一(此层本篇不及详论)。民国以来之中国人,一面既厌弃昧失其自本自根之旧历史,故一面虽面对新世界,而亦不能认识其真相。此由目眩神昏,故视而不见。欲复苏其神智,则当先从大漩涡中救出,使能卓然自立,勿再任此狂涛怒浪吞咽挟卷而去。然而此狂涛之流力过猛,使人虽欲自拔而不获。中国人失足倒入此极险恶之漩涡中,则几已百年于此矣。中国本有急速解决内部问题,再投身加入世界舞台之机会。待此机会失去,而中国遭受世界外力之缠缚愈紧,中国问题与世界问题扭成一团,如连环不独解。此为中国人近百年来虽有酵素火种而终不发酵起火之又一因。

整个世界,目下正在演出一新境界。西洋中古时期一股新源喷薄流注,至今已达六七百年。彼辈企慕希腊人生,醉心地上财富,以科学驾御物质,仗智识为权力之努力,迄今殆已登峰造极。社会贫富不均,已尖锐冲突,而机械文明,亦久已露出其狰狞之面目,张口作噬人之势。新世界之寻觅,欧亚美非澳以及南北极,均已踏破。殖民地不够分配,只启争端。世界大战轩波特起,死伤数千万。其壕沟中疮痍余生,重在二十年后,领导新壮丁,再上海陆空战场,续演第二次更残酷更凶暴之大屠杀。除非西洋文化竟此歇熄,否则此幕终了，欧美人当将转换作风，别寻出路。或是再修正的新希腊人生，或是变相的新基督教。或则调和斟酌于斯二者。欧美人的新生，无疑地仍将于其已往旧历史里得胎。彼辈亦将一洗畴昔民族优秀观念之傲态，转面觋对东亚新世界之古文化。彼辈将来无论是再修正的新希腊人生，抑是新基督教，均将大量吸收东方古文化之精液，说不定他们要有一个东行求法的新运动。而中国经此长期抗战，民族争存乃至文化争存之意识，激涨渐至最高潮，适值欧美狂澜转为回波，冲荡之力松缓，中国人得以爬出漩涡，立定脚跟，再清神智，来做道咸时代人欲做未做之工程。而此刻已与道咸时代不同，一则已多知道了许多旧历史，一则已多认识了那个新世界。百年来所堆积，亦未尝不足为吾侪取精用宏之助。

新时代已面临于整个世界之前，此新时代之得救，无疑地只有乞灵于世界已往东西两大民族之文化洪流。然此非一手一足之烈，亦非岁月时日可期。兹事体大，中国问题将在世界问题之解决下得解决。同样，世界问题亦将在中国问题之解决下得解决。中国人与世界已共同面对此新学术之大使命。惟不知此项使命，究竟卸落在谁之肩上，完成于谁之手里。中国学者急当廓开心胸，放宽眼界，一面是自己五千年深厚博大之民族文化历史世界，一面是日新月异惊心动魄的欧亚美非澳全球新环境。向内莫忽了自己诚实的痛痒的真血性，向外莫忽了民族国家生死存亡的真问题。在此交灌互织下，自有莫大前程。至如太平盛世专门名家之业，非不雍容华贵，攀麟附翼，据其现成格套，藏身一曲，既合时趋，亦便采摭,复与私人温饱相宜。然恐如白云苍狗,倏忽变幻,不可控搏。有大志远识者,当不为此耽误。

　　　　三〇、五、二一、金陵大学学术励进会讲演辞,
　　　　　　刊登《大公报》六月一日星期论文

《齐鲁学报》创刊号发刊词

齐鲁大学国学研究所本有无定期刊物一种，名曰《国学汇编》。十余年来，几度刊布。国难以还，学校播迁蜀中，研究所改弦更张，于是有学报之结集。年定出两期，兹当首期创刊，谨缀短辞，以谂读者。

夫学问研讨，本属平世之业。然兵燹流离，戎马仓皇之际，学术命脉，未尝无护持赓续之望。此其例，古今中外不胜枚举。姑就本国近世事言之，则有如满清之入关，又如洪杨之崛起，其所加于国家社会之破坏皆甚大，而学术不为中歇，乃其间亦有辨。

当明之晚世，士风颓弊极矣。思宗殉国，吴三桂开关揖盗，群奸拥立福王于南中，此何时耶？然留都防乱揭中诸名士，方征妓选歌于秦淮河畔。侯公子虽父居犴狱，一日不召红裙，即生寂寞之感。夕阳无限好，只是近黄昏。"燕子笺""桃花扇"，正夕阳黄昏交界候矣。惟梨洲老人得度此黄昏，重对朝曦。同时南方如亭林、桴亭、船山，北方如蒿庵、二曲、习斋，寥落若晨星，交耀互映于积阴久霾后之晴空者，方其蒙难蹈变之际，则皆三十四十壮年人也。此皆亲睹夕阳，苦熬黄昏，于沉沉长夜中延此一脉，转此一机，而开有清以来之三百年学术之新运者也。至于洪杨之际则不然。

春蚕到死丝方尽，蜡炬成灰泪始干！嘉道学者，稍稍悟经学训诂考据之非，转而究微言大义，转而务经世致用。而去轸已远，来辀方新。虽洪杨之起，如平地春雷，亦足震聋聩而发视听。而朝廷未改，衣冠如昔，譬之春蚕作茧，虽缚未死。蜡炬已残，余烬犹炷。湘乡以一身系天下之重，而文章推桐城，小学尊高邮，考据则宗师金匮，此皆抽未尽之丝，流未干之泪，非至于蚕死炬灰而不止者也。于时则身历围城如汪梅村，避地转徙如俞曲园，奔进锋镝而不获永其天年如戴子高，邵位西之徒，凡所毕精撰述以传贻后人者，类皆嘉道以来之余丝残泪也。虽有咸同之中兴，而无补于光宣之忽亡，亦职此之由矣！

兹值国步之艰，虽未若晚明，而创痛之深，亦已过于洪杨。惊心动魄，抚来思往，学人之所欣赏而流连者，其果异于古原之夕阳乎？所发愤而努力者，其果异于春蚕之作茧，蜡炬之自烧乎？所矜重而夸大者，其将勿为垂尽之余丝，欲干之残泪乎？吾其入黄昏乎？吾其觊朝阳乎？窃闻之：风雨如晦，鸡鸣不已。而大厦非一木所支，全裘乃众腋所成。作始虽简，将毕也巨。将伯之呼，嘤鸣之求，岂得已哉！

三〇、一

下卷

改革大学制度议

今日大学教育有一至要之任务，厥为政术与学术之联系。抗战期间，后方政治之重要，不亚于前线之军事，其理尽人所知。而抗战结束以后，百孔千疮，万端待理，政治事业之重要与其艰巨，更将十百倍于今日。而政治事业之推动与支持，则首赖于人才。人才之培养，系惟大学教育之责。抑政治事业，就广义言之，不仅于居官从政。社会各方面各部门种种事业之推动支持，均有赖于适当之人才。亦必俟社会各方面各部门事业均有适当人才为之推动支持，而后其政治乃有基础可以发皇。在朝在野，相得益彰。此项社会各色中坚领袖人才之培养，亦惟大学教育之责。而不幸吾国最近二十年间大学教育之精神，似未注意于此。

吾国最近二十年间大学教育所注意之点，举要言之，约有三端。一曰校舍之建筑，二曰图书仪器以及卫生体育种种物质上之设备，三曰院系之展扩，教师之罗致，以及课程之增新。

首言建筑。举其著者，北自北平清华，南至广州中大，东自首都中央大学，中越武汉，西至成都川大，其轮焉奂焉，门墙之美富，宫室之壮丽，彰彰在人耳目，此不得不认为是吾国最近大学教育精神贯注之一端。然与艰难兴邦，坚苦卓绝，实事求是之旨，则不能相符。居移气，养移体，而今日国家社会所需之人才，则在彼不在此。

次言设备。其一部分图书仪器之购置，与第三项相关，又一部分则属于生活起居上之讲究，与第一项相关。若大学校舍之建筑，稍能因陋就简，不事铺张，则内部设备，亦自大可省削也。

第三项当为大学教育最高目的所在。然仅仅注重于智识之传授，无当于人格之锻炼，品性之陶冶，识者讥之，谓此乃一种智识之裨贩。大学譬如百货商店，讲堂则其叫卖炫鬻之所也。抑就鄙见论之，即谓大学教育最高任务惟在智识之传授，而今日国内大学之院系析置，课程编配，亦大有可资商榷者。夫学术本无界划，智识贵能会通。今使二十左右之青年，初入大学，茫无准则，先从事各人之选科。若者习文学，若者习历史，若者习哲学，若者习政治、经济、教育。各筑垣墙，自为疆境。学者不察，以谓治文学者可以不修历史，治历史者可以不知哲学，治哲学者可以不问政治。如此以往，在彼目以为专门之绝业，而在世则实增一不通之愚人。而国家社会各色各门中坚领袖人物，则仍当于曾受大学教育之学者中求之。生心害事，以各不相通之人物，而相互从事于国家社会共通之事业，几乎而不见其日趋于矛盾冲突，分崩离析，而永无相与以有成之日。

再进而一究各院各系课程之编配，则其细已甚。更有甚者，国难以前，国内最负时誉之大学，莫不竞务于院系之析置，教授之罗聘，以及课程之繁列。一学系教授往往至七八人，课目往往至一二十门。而此等课目，则皆此等教授之专门绝业也。二十左右之青年，初入大学，茫无准则，于选科之外，又继之以选课。治文学者，或治甲骨钟鼎，或治音韵小学，或治传奇戏剧，或治文艺创作，亦复各筑垣墙，自为疆境。其于文学之大体，则茫然也。其他治历史哲学以往者，亦复尔尔。近人有讥中国教育为一种循环教育者，其意谓受教育者无当于国家社会之用，仅能循环不息，仍以其受教者教人。此亦浅言之耳。今日一大学国文系毕业之学生，即深感不能担负中学国文教员之重任。何者，彼之所治，乃专门绝业，如甲骨钟鼎音韵小学传奇戏曲文艺创作之类，皆非中学国文课所需。中学国文课所需者，乃一略通本国文字文学大义之人才，而今日大学教育，即绝不注意及此。今日大学课程之趋势，愈分而愈细，如俗所云钻进牛角尖，虽欲循环，而不可得也。

概括言之，今日国家社会所需者，通人尤重于专家。而今日大学教育之智识传授，则只望人为专家，而不望人为通人。夫通方之与专门，为智识之两途，本难轩轾。吾国今日大学制度之渊源，袭自欧美。读吾文者，必将以欧美大学制度为护符而生抗议。然欧美政治社会与中国未能尽同。必俟社会政治各色各部皆有中坚领导人才推动支持，撑得一局面，粗粗安定，粗粗像样，而后专家绝业乃得凭借而发抒。

欧美社会政治各方面比较已有一粗粗安定像样之局面，而中国则否。故中国大学教育所当着意植培之人才，自当与欧美稍异其趣。且就学术而论学术，一门学术之发皇滋长，固贵有专家，而尤贵有大师。大师者，仍是通方之学，超乎各部专门之上而会通其全部之大义者是也。一部门学术之有大师，如网之在纲，裘之有领，一提挈而全体举。今欧美著名大学之讲座，此等大师，往往有之。而中国晚近学术，一切稗贩自欧美，传其专业较易，了其通识则难。故今日国内负时誉之大学，其拥皋比而登上座者，乃不幸通识少而专业多。如此则将使学者不见天地之大，古今之全体，而道术将为天下裂。昔者庄生之所怖，行且再见于今日。况欧美分系分科之制度，亦已渐为彼中有识者所不满，而国内最近大学课程之变本加厉，则尚有非欧美之所能企及者乎。物极必反，穷则思变。其细已甚，不可为继。此今日大学课程之谓矣。

论者率谓大学教育，不当偏重智识之传授，即同时应注意及于学者人格之锻炼，品性之陶冶，于是而有导师制度之倡议。然就鄙见所及，则今日教育部所欲积极推行之导师制，乃与现行大学教育根本精神扞格不相融。若仅求于现行大学制度中硬插进一导师制度，正如于现行全部大学课程中硬插进一门党义与一门军事训练耳。上下相蒙，视为具文，固无不可。真欲求其收相当之效果，则非徒绝不可得，抑且必得其正相反者。

私意以为现行大学制度，实有根本改革之必要。而改革大纲不外两端。一曰缩小规模，二曰扩大课程。请先言缩小规模。窃谓将来之新大学，应以单独学院为原则。其主干曰文哲学院、理工学院，其他如农学院、矿学院、森林、畜牧、纺织、渔业等诸学院，不妨各就需要，择地设立（其年限不妨较文哲理工学院稍短）。惟法律学院与医学院，应以毕业文哲理工学院或肄业二年以上者入之，与他学院不平行。每一学院之学生数，以二百人至四百人为限，最多不得超过五百人。次言扩大课程。窃谓每一学院之课程，应以共同必修为原则，而以选课分修副之，更不必再为学系之分列。以文哲学院言，其课目应包括现有文学历史哲学政治经济教育等各系之主要课目，而设立略通大义之学程。如中外名著研读、中国文学史、中西通史及文化大纲、中外人文地理、中西圣哲思想纲要、政治学经济学大纲、教育哲学及教育方法等。并应兼习科学常识，如天文、地质、生物、心理学各门之与文哲学科相关较切者。此项共通必修之学程，应占大学全学程二分之一以上。学者于研习此项共通必修学程之外，同时亦得各就性近，分习选科。此项选科之开设，一方就各学院所聘教授学业之专长，一方亦兼顾各学科之重要部分，为学者开示途辙。各学科之课程不必求备，各学者之选习，亦不必求专。要之大学教育之所造就，当先求其为通人而后始及于专家。而细碎无当大体之学程，则尤以少设为是。关于理工方面，笔者一无所知，不敢妄有所述。惟尝询之于理工方面之通人及有志青年，亦多病今日学校开设学科之细碎，与夫基本智识之不够。则其受病，盖亦与文哲方面略似。窃谓亦当如文哲学院办法，理工合院，不更分系，多授基本通识，而于本国通史及中西圣哲思想纲要二科，亦必兼治，以药偏枯之病。然必有为今日造就专家教育辩护者，其论点计必举实用主义为依归。惟即就实用言，通人达才之在今日，其为用尤急于专家绝业。十数年来，学者争以文科为无用，而竭力提倡理科。彼不知一国社会教育政治经济各方面苟无办法，则其自然科学亦绝难栽根立脚，有蒸蒸日上之望。今自抗战以来，学风之变，激而愈远。投考理学院之学生，群然转向而考工学院。试问理学院无基础，工学院前途何在？若就文法学院论，则哲学系早有关门之势，最近文学系亦渐渐有追随哲学系而闭歇之倾向。稍次为历史系，较盛者为政治系，尤盛者为经济系。试问一国之政治不上轨道，经济岂能独荣？亦未有其国人全昧于已往之历史，而政治可以有办法者。亦未有其人绝不通文学哲学，而可以通史学者。仅以实用主义谈教育，必使学者专务于谋出路，寻职业，自私自利，只图温饱。而整个教育精神，亦必陷于急功而近利，舍本而逐末。尝发狂论，谓学者竞舍理学院入工学院，更不如离弃大学而入汽车行之为愈。教育精神自有其大者远者，此则惟通才达识者知之，擅一材一艺以绝业名专门者，往往不知也。

若就鄙见所及，创立不分系之学院制，其学成而去者，虽不能以专门名家，然其胸襟必较宽阔，其识趣必较渊博。其治学之精神，必较活泼而真挚。文学哲学历史政治经济教育各面之智识，交灌互输，以专门名家之眼光视之，虽若滥杂而不精，博学而无可成名，然正可由是而使学者进窥学问之本原，人事之繁赜，真理之奥衍，足以激动其真情，启发其明智。较之仅向一角一边，汲汲然谋学成业就，有以自表见者，试问由其精神影响其事业，其为用于国家社会者孰大。必学术丕变，而后人才蔚起。上述国家社会各色各门之中坚领袖人才，可以推动支持一种事业，撑成一种局面者，殆将于此求之也。其有刻意潜精，愿毕生靖献于一种专门学术之研究者，则于普通学院之上复设研究院，以资深造。

若论人格之锻炼，品性之陶冶，此亦学业进行中应有之一项目。苟治学为人，可以决然分为两事，则其学之与其人，亦居可见。依鄙论，大学有教授，即不必再有导师。若大学教育能有造就通才之师资，则其人格之锻炼与夫品性之陶冶，亦已一以贯之矣。更不必骑驴而觅驴，叠床而架屋也。诚使将来之大学，变为不分系别之独立学院，其校长与教务长对于全校四五百学生之生活与性情，必能熟悉无遗，因材施教，始有可能。而全校教授，最多亦不致超出二三十人之数，可由校长教务长斟酌尽善而加聘请。其学术行谊，精神意气之相投，较之今日一大学文法理工学院教授百许人相集合，牟牟然各不相认识，各不相闻问者，亦必判然有间。学者耳濡目染，较有轨辙可寻。教授之于学生，纵不能一一全识，亦必认得其十分之六七（以不分系故）。而学生之于教师，则大抵皆可全识，不致路途相遇，掉臂而过之（以不分院故）。所谓如家人父子然，以人格相感化者，不必在上者之提倡，而自有其境界。不然，如今日者，全校三四院，每院六七系。教授一二百，学生数千人。为校长者，能以权诈术数维持学校不闹风潮不罢课，已为幸事。学生如入五都之市，目迷五色，耳乱七音。教授之来也，如一沤之漂浪于大海，虽有深愿，莫知所施。非专门绝业，不足以撑门面。非标新立异，不足以耸观听。学风之弊坏既极，更何论于人格之锻炼，与品性之陶冶。

近人亦有目睹大学教育之弊病，而不能洞察其症结所在，遂提倡恢复宋明书院旧统者。然书院亦已陈之刍狗，非如海上灵方，百病皆效也。窃谓昔日书院旧制，虽有其特点，而近代大学制度，至少有胜于书院制者两端。一为讲堂授课制。原原本本，首尾条贯，表里精粗，无所不到。昔人云，听君一夕话，胜读十年书。窃谓今之讲堂制，苟遇良师，则一年授课，实胜如十年之勤读也。二曰课目分授制。各就专长，分门别类，兼收广蓄，不名一师，实足以恢张智慧，开拓心胸。较之暖暖姝姝于一先生之言者，相去又不可以道里计。书院制所特胜于现行大学者，在其规模之狭小，师生有亲切之味，群居无叫嚣之习。若如鄙论，将来新大学以单设独立学院为原则，则庶兼二者之长，而无二者之缺尔。

今国难方殷，大学教育之缺陷，方更彰著。昔日各大学之建筑设备，大多化为瓦砾，荡为灰烬。学校于播迁流离之余，亦莫不因陋而就简。学课之其细已甚者，渐不足以厌学者之望。教者亦苦于穷搜擗摘之无所施其技，而几于倚席不讲。因势利导，庶其在是。窃谓来日之大学，贵乎艰苦卓绝，而不贵乎铺张扬厉。贵乎实事求是，而不贵乎粉饰门面。贵乎淡泊宁定，而不贵乎热闹活动。规模不厌其小，而课程务求其大。所以做人才而培邦本者，其影响于建国前途实非细鲜。粗发鄙愚，窃愿邦人君子一商讨之。

二九、三、一、《大公报》星期论文

改革中等教育议

鄙人前撰《改革大学制度议》，粗陈涯略，间滋误会。或疑鄙意菲薄实科与专业，此在原文申说已明，无烦辩解。或疑鄙意提倡通学，有减低大学程度之嫌，则由时贤夙习，尊专业，蔑通学，故云尔。鄙文特主教育旨趣转换一方向，并与程度高下无涉。昔人论学，每言博约。博不即是通，必博而有统类而能归于约之谓通。专不即是约，约如程不识将兵，有部勒约束。又如满地散钱，以一贯串之。故约以博为本。而今之专业，则偏寻孤搜，或不待于博。就此言之，倡导通学，毋宁是提高程度也。或主中学教育应主通，大学教育应主专，此亦不了通学难企，误谓略具常识即为通，是又浅之乎视通矣。且学校教育与私人学问，判属两事。私人学问当各就性业，毕生从事；学校教育则为青年壮年人树立一共同基础，俾可由此上进。今谓中学修其通，大学务其专，是欲以学校教育包办私人学问，代大匠斫，希不伤手。时论既多主提高中学程度以为大学专精之阶梯，爰草此文，再献刍荛。

各阶段之教育，本各有独特之任务，中学校非专为投考大学之预备而设。目前各中学程度，难免低落，此乃一时现象。若就民十七至民二十七此十年间江浙平津一带而论，则中学校课程，已不嫌其过松，而嫌其过紧。专就学业知识论，似乎所望于中学生者，已嫌其过高，而不嫌其过浅。中等教育本与大学有别。知识学业之传授，并不当占最高之地位。青年期之教育，大要言之，应以锻炼体魄、陶冶意志、培养情操、开发智慧为主，而传授知识与技能次之。今日国内有一至可悲观之现象，厥为知识分子体魄与精力之不够标格。一二十岁上下之中学毕业生，已渐具书生气，精神意识已嫌早熟。至大学毕业，年未壮立，而少年英锐之气已消磨殆尽，非老成，即颓唐。社会政军商学各界领袖，大体年龄，较之欧美各国，比数相差几有二十至三十年之巨。中国各界主持活动之强固中心人物，率在四十前后，而欧美各邦，则六十七十不为老。大抵中国人一过三十，便无勇猛精进可言。一过五十，便无强立不返可言。精神意气早熟早衰，社会活力日以沦澌。倘更不于当前青年教育加意矫挽，国族前途，复何期望？

更论中国知识分子之毕生生活，大体自家庭入学校，自学校入社会，而此社会又大体以都市为限。莫非一温暖狭隘之境，不啻在花房中玻璃阳光下所煦育之一种盆景花卉也。其自少而壮，自壮而老，常缠绵于闺房之内，流连于城市之间。濡濡湿湿，蚁附蚋集，既以丧其迈往之韵，复以斫其敦庞之质。深山穷谷，惊浪骇涛，心魂既所不接，神情为之噩眙。筋骨柔脆，意兴卑近。当其在学校，非不言卫生，而卫生特享受之别名。非不言运动，而运动仅游戏之余事。其体魄之完固，精力之弥满，姑勿与并世欧美相较，回视百年前吾侪所最鄙视之八股时代，盖犹有逊色焉。彼时一秀才，赴乡会试，三年一度，以交通之不便，近者数百里，远者数千里，经月累时，犹得以跋涉山川，冒历风霜，识天地之高厚，亲民物之繁变。其所以强身体而壮精神之道，有非今日学校青年所能梦想。今则掩目于书本文字之中，放胆于朋偶謦欬之侧，体魄衰而精力靡，意志不坚强，情操不高洁，智慧不开敏，而娓娓焉惟知从事于知识技能之传习，造诣有限，运用无力，根本已拨，妄希花果，亦多见其不知务矣。

窃谓今日中学教育，当痛惩旧病，一变往昔偏重书本之积染，而首先加意及于青年之体魄与精力。当尽量减少讲堂自修室图书馆工作时间，而积极领导青年为户外之活动。自操场进至于田野，自田野益进至于山林，常使与自然界清新空气接触。自然启示之伟大，其为效较之书本言说，什百倍蓰，未可衡量。昔德人于前次大战失败后，即主以山林自然生活恢复其青年之内心活力。吾国近百年来，全国上下，麻醉于罂粟、沉酣于"麻雀"，精神意趣，束缚于门庭廛邑之间。毒雾弥漫，未有所廓清。非大加荡涤，振奋无由。当使学校一切田野化，山林化，使青年一入学校，恍然于一种新生命新境界之降临。庶足以扫除国人宴安于闺门迷恋于都市之沉痼，而后身体精神知识事业始有可商。

夫教育精神，贵能因时设施，非有成局定格可以永遵勿渝也。今国民党人常言忠实同志，此言最堪味。今国人所缺，正在忠实，而所骛则为聪明。聪明日增，忠实日减。聪明即闺房城市之习，忠实则田野山林之气。抑聪明者尚知，忠实者尚行。孙中山先生领导革命，深感时弊，而唱知难行易之教。其用意在励国人之起而行，非奖国人之坐而知。乃今国人群相曲解，谓惟其知难，故当勉于求知。不知尊所闻则高明矣，行所知则广大矣。一国事业，知者居其一，行者居其百。今日国人大病，不在知之不足，而在行之无实。国家社会各方面所要之人才，非患其不聪明，而患其不忠实。非患其无知，而患其不行。今日之病，非白痴，非狂惑，乃瘫痪之与萎缩也。而今日国家教育，姑以最好评语加之，则一种彻头彻尾之尚知教育也。此正如以水救水，以火救火，其何能济？

抑又有进者。知贵乎个别之钻研，行贵乎共同之协调。故务知者其群涣，励行者其体凝。务知，故各以空言争领导。励行，故互以实践期成绩。吾国自民四五提倡新文化运动以来，承学之士，莫不曰自由，曰解放。以个性伸展为旗帜，目礼教为吃人之工具。以大群为小我之桎梏，以冲决网罗打破枷锁为斗士之光辉。而流弊所届，特立孤诣之士未见其多，泛驾逸轨之象则层出无已。今日对症发药，固当裁抑小我，奖进群育。纳之轨物，宏以大道矣。

然尚知尚行，特教育精神畸轻畸重之间，非谓其截然划然如鸿沟之不可逾越也。以旧教育拟之，尚知乃诗书之教，尚行则礼乐之教也。儒者谓礼乐不可斯须去身，以今日学校课程言，体操唱歌即犹礼乐。衡以儒家理论，此两科当为学校教育之最高科目。日日必修，不可或缺。师生并习，无分上下。大抵初级中学应以乐为主而礼副之。高级中学则以礼为主而乐副之。初级唱歌，宜多制发扬蹈厉之辞，继以宏大和平之旨。以大群合唱为主，以舞蹈进行为助。务求活泼动荡，开拓其情趣，畅悦其胸襟。而又辅之以晨夕之劳作，健身之游戏，以及郊外之远足。至高中则以严格之军事训练与大规模之山林眺览夹辅并进，而以竞技运动与庄严肃穆之歌曲辅之。其他如童子军青年营等训练，皆当切实重视，不得目为课业余暇之消遣与点缀。凡学校师生生活，皆当以礼乐为中心，以锻炼体魄、陶冶意志、培养情操、开发智慧为目的。而知识技能之传习，则降而次之。孔子曰"行有余力，则以学文"，子路谓"何必读书，然后为学"。皆此意也。

或疑若是则学业将有益降愈下之弊。不知苟其人体魄完固，精神充健，意志定而情趣卓，则智能自开敏，知识技能虽粗引其绪，他日置身社会，自能得路寻向上去。孔子所谓吾见其进，未见其止也。苟既体弱而神荼，志摇而情卑，智慧昏惑，不得安宁，而徒皇皇汲汲于知识之灌输，技能之修习，今日学校青年之彷徨歧途，烦闷苦恼，激而横溃，疲而半废，前车之覆，正复可鉴。抑学校课程，果能改弦易辙，则别自有取精用宏事半功倍之道。程度之提高，不在于繁其课目，多其钟点，而在乎门类与内容之精选及教法之严格。窃谓今日学校课程，以别择不精，滥杂铺张，而浪费精力者，居三之一。以教法不严，鲁莽灭裂，而涂塞聪明者，又居三之一。若能删其芜秽，抉其菁华，专力并赴，则课程虽简，而学业自进。合之上文所论，正可收相得益彰之效。

尝试追求今日学校课程病根，盖亦自新文化运动以来。一则高唱重新估定一切价值，而结果则支离破碎，漫无准绳。一则提倡科学教育而未得其方，大学专门化之风气，浸寻波及于中学。一切课目，皆趋于形式僵化，未能提其精英，活泼运用。前者之弊，其著在文科。后者之弊，其著在理科。一则古今中外，浅深雅俗，樊然杂陈，如百衲之衣，天吴紫凤，破布败絮，捃摭拼凑，陆离光怪，而不问其何以被于体。一则声光热力动植生矿，上自天文，下至地质，山珍海错，食前方丈，而不问其何以纳诸胃。前者病在驳而不纯，后者病在积而不化。一则沙石俱下，无益营卫。一则酞肥太过，徒增郁闷。今日中学课程之改进，惟有二道：曰精，曰简。庶使学者精力充沛，神智自生。否则买菜求多，学海深广，青年力弱，终有没溺之患。

又近制中学分高初两级，课程多一周环。初中学龄仅当十二三岁，即须离家外宿。学校既护育难周，稚年身心，受损匪细。谓宜仍旧贯，后期小学增一年，而高初中并合为五年制。又宜多设各项补习学校、职业学校、专修学校等，与普通中学并行，一如大学之例。

上之所陈，颇多乖背时风。如课程之改订、师资之培养，皆非仓促可希。苟非其人，虽有良法，亦莫所施。徒更规章，转滋扰动。惟事关国家民族复兴百年大计，心之所蓄，终不敢默。非敢故标高论，轻求更张。尚望公私贤达，详赐考虑。倘得于大中两级，妙选人才，各办试验学校一二所，俟成效确著，再谋推布，或亦稳健之一法也。

三〇、四、二〇、《大公报》星期论文

从整个国家教育之革新来谈中等教育

中国创办新教育，自前清同治初元迄今八十年，始终不脱两大病：一曰实利主义，一曰模仿主义。实利主义之病，在乎眼光短浅，不从本源处下手。模仿主义之病，则在依样葫芦，不能对症发药。其实二病仍一病也。病在始终缺一全盘计划与根本精神。我所谓全盘计划与根本精神之教育，当名之曰国家教育。而前清以来八十年之教育，则殊与国家教育无涉。当其最先所设学校，只限于广方言馆水陆师学堂乃至格致书院之类，充其量，不过欲造就少许翻译人才军事人才与制造机械之人才而止。学外国语言文字，根本只为外交做翻译之用。学格致，根本只为军事上种种机械制造之用。自始便无一段精神认识到国家教育之深处。此由一种短浅的实利主义作祟，而模仿主义亦自依随而起。此一病直到民国初年，科举既废，政体既改，国人渐渐觉悟教育不仅为翻译与制造。一时目光，渐渐从军事与外交转移到政治法律经济诸部门，又更进而推及于文哲历史艺术各类。当时乃有所谓新文化运动，而溯源寻根，仍还自前清同光以来之思想一气呵成。所异者，前一期乃实利主义为主而模仿主义副之，此一期则模仿主义为主而实利主义副之。而紧接新文化运动之后者，乃为科学救国与科学教育之呼声。其所谓科学教育者，依然缺乏一根本精神，无当于国家教育之深旨。就其实，仍以实利主义与模仿主义为支撑。不过又复以实利主义为主而模仿主义为副，实利与模仿二者之间，稍有畸轻畸重之转变而已。此乃民十八以来之大体情形。风尚所趋，近几年来各大学新生投考，报工学院者异常拥挤，而理学院则寥寥。文法学院独一经济学系最盛，而经济系的课程，亦只偏向于银行簿计会计管理之类，绝少对经济学原理有兴趣者。哲学系最不受人注意。而五人中至少四人学西洋哲学，至多一人学中国哲学。文学方面则十人中至少八人学西洋文学，至多两人学中国文学。此乃当面之事实，事实后面透露出一种心理。此种心理之倾向，便足表示一时代之风尚。而此辈中学青年投考大学时之心理倾向及其风尚之来源，则不得不说是教育精神所感召。此种教育精神，直从前清同光以来，一路从源头上看，又从当前实际情形看，不能不说其仍只为实利主义与模仿主义之作祟。若非为实利主义，何以群趋工科而不习理科？若非为模仿主义，何以群习西洋文学哲学而鄙弃本国文哲？所以民国三十年来之新教育，似乎依然摆脱不掉模仿与实利。实利是其目的，模仿是其手段。实利非不该讲，模仿非不该有。然若仅以模仿希冀实利之心理与见解为国家教育之重心，则实利既不可得，而模仿亦且不可能。我们的教育精神与教育理论，实有再反省与再讨论之必要。

今当针对时弊，提出两口号：一曰文化教育，一曰人才教育。此两口号亦互为表里，乃主以国家民族传统文化来陶冶真切爱护国家民族及能真切为国家民族服务之人才。文化教育可以纠正新文化运动以来之一味模仿。人才教育可以包括时下科学教育专重实利主义之偏狭。所谓人才教育者，不仅限于自然科学之一面，而政法经济文哲历史艺术诸门亦已兼容并包。此种人才，求其能真切爱护国家民族，求其能真切为国家民族服务，则必以国家民族自本自根之传统文化为陶冶。否则若其人对英国文学哲学英国历史艺术乃至英国一切政法经济之本末原委知之甚悉，而对吾本国之此诸项目一无所知，则其人衷心爱护英国之真诚必较其爱护本国者为更深更切。而其人之服务于本国社会，势必多所扞格，多所隔膜，不能为本国国家民族所理想要求之人才。此理至为显明。科学可以无国界，政法经济文哲史艺诸科不能无国界。科学人才虽可由留学教育而造就，政法经济文哲史艺诸科之人才，则必自本自根由自己传统文化为陶冶，非外国教育所能代劳。若国内政法经济乃至文哲史艺诸门皆无人才，皆无出路，则纵有外国教育所代劳而造就之科学人才，亦将感英雄无用武之地之苦痛。故科学教育仅当为人才教育之一部门，当于国家教育之全盘计划下有其地位与效用。而国家教育之全盘计划，则必于国家民族自本自根之传统文化有较深之认识与重视。故讲求国家教育之全盘计划与根本精神，实舍文化教育与人才教育莫能当。

中等教育为国家教育之一环，故中等教育亦当以文化教育与人才教育为主体。若根据此项意见，则当前之中等教育实有多需改正之处。目前中等教育第一大病，在仅以中等教育为升入大学教育之中段预备教育。而大学教育之终极目标，则为出洋留学。换言之，出洋留学，乃不啻为吾国家教育之最高阶层。故国内各大学各科教科书，几乎十之七八以采用西洋原本为原则。大学新生，以先通一种外国文为及格标准。而进入大学以后，则以径读西洋原本教科书及进而选修第二外国语为普通之常例。通常所谓第一外国语者，大体乃为英文。故中学教育之中心责任，乃不啻为投考大学之英文补习学校。学生在各科学程上所化之精力，几乎强半为修习英语之时间。然若此学生将来并无升入大学之机会，则其研习英语之工夫亦强半等于白费。欲矫此弊，首宜厘革大学课程。尤要者，莫如一切教科书均以用本国文字为原则。中国兴学八十年，自有国立大学亦逾四十年。前清光绪二十四年举办国立京师大学筹备章程有于上海设编译局，各学科除外国文外，均读编译课本一条。乃至今逾四十年，国立大学各学科仍无编译完备之课本，仍要借用外国原本教读。抑且一般见解，不以此为可羞，转以此为可夸。此实四十年来国家教育之失败，亦四十年来留学教育疲缓不济事之奇耻大辱也。不仅大学各学科教本必须用本国文字编译者为原则，即各学科基本参考用书，亦当由国立编译机关做大量有计划之翻译。庶使学者省其攻读外国语文之精力，以从事于学科本身之精研与深究。尤要者，国家必设法提高本国大学之地位，勿再以出洋留学为国家教育之最高阶层。苟使此两事办有成绩，则庶乎可以走上文化教育人才教育之趋向。否则全国青年，当其有志向学，即日夕孜孜于外国语言文字之攻读。及其成学有立之最高阶段，又全付其责任于外国人之手。如是而言文化教育人才教育，真所谓南辕北辙，将愈趋而愈远。更不如缘木求鱼之仅止于不可得而已也。

国家教育若诚有意于文化教育与人才教育之两目标，则又有一事必当注意者，即国立大学当以文理学院为首脑，为中心。其他特殊专门学科如医工农矿渔牧诸类，不妨因地制宜，多设独立学院，与大学中心理工学院分道扬镳。盖前者为文化人才教育而设，后者则为养成职业技术之专门人才而设。两者旨趣不同，分之则两美，混之则两损也。若大学有此分设之规定，则中学问题亦迎刃而解。中学亦应分普通中学与职业中学两类。普通中学为文化人才之教育而设，职业中学则为养成职业技术之专门人才而设，性质亦复不同。凡受普通中学之教育者，主旨与大学中心文理学院之教育同，皆以国家民族传统文化陶冶真切爱护国家民族与能真切为国家民族服务之人才为主。是为国家教育之骨干。而各项中学职业学校与各项专门独立学院则如枝叶之附丽。其设科施教，不妨偏于实用，不妨模仿外国之成规，然皆非所语于国家教育之主干。

若如上论，普通中等教育之主要任务，实当以文化教育为手段，以人才教育为目标。换辞言之，即注重于国家民族传统文化之陶冶。经此一番陶冶而出者，则当期其为国家民族所理想要求之人才也。本此旨趣，中学教育之中心课务，实当以本国语言文字之传习为主。夫科学知识可以分门别类，而人生所需要之知识，实不尽于科学知识。因此有许多知识虽为吾人所必需，而往往无门类之可分。因此学校教育若以科学教育为中心，必将遗漏好许为人生所必要之知识。若以文化教育为中心，则此病可免。而文化教育之最重要者，则首推文字教育。一国之文字，即此国家民族传统文化之记录之宝库也。若使青年能读一部《论语》，读一部《庄子》，读一部《史记》，读一部《陶渊明诗》，彼之所得，有助于其情感之陶冶，意志之锻炼，趣味之提高，胸襟之开广，以至传统文化之认识，与自己人格之养成，种种效益，与上一堂化学听一课矿物所得者殊不同。然不得谓其于教育意义上无裨补。抑且毋宁谓教育之甚深意义，实在此而不在彼。今日中国学校中对于本国文字之教育，我无以名之，名之曰迁就之教育。夫教育宗旨本在悬一高深之标格，使低浅者有所向往而赴。迁就教育则不然。教育者自身无标格，乃迁就被教者之兴趣与程度以为施教之标格。夫学问有阶级，不可躐等，此义尽人皆知。然文字教育则有时贵乎投入亲验，使之当面觌体，沉潜玩索之久，而恍然有悟，豁然有解。此所谓欣赏，而阶级之制限有时为不适用。今国人每议本国文字为深玄难解，不知此当投入亲验。惟读《庄子》可解《庄子》，惟读《史记》可解《史记》，若先斥《庄子》《史记》为难读，先读其浅者易者，而文字文学之阶层亦重重无尽，若取迁就主义，则更有其尤浅尤易者。日亲浅易之读物，永不能达高深之了解。施教之标格日迁就，受教者之智慧日窒塞。此如希腊神话亚侠儿(Achilles)与乌龟赛跑，亚虽善走，将永远赶不上乌龟。何者，亚之脚步如必依照乌龟前行之距离为比例，而不许其痛快大踏步前进，则势惟裹足不前，而乃永无追出乌龟之望。今日中国中小学本国文字文学之课程，皆乌龟也。此种迁就主义，不知埋没冤屈了几许英才。今日中国一中学毕业生，彼乃无自己阅读本国古书之能力。彼乃不啻生在一无文化传统之国家。彼心神之所接触者，仅限于眼前数十年间之思想事物而止。彼之情感何从潜深？意志何从超拔？趣味何从丰博？胸襟何从豁朗？此等教育，大率为目前计，不为文化之传统计。此等教育所造就之人才，除却所谓科学知识外将一无所得。而今日中国中学大学中之教授外国文，则精神意趣，与前所云云者大异。彼尚不失有一标格，而强人以必赴。故即在中学生已有读莎士比亚之戏剧、雪莱之诗歌者。二十年来，各大学中学学生之晨夕孜孜披一卷而高声朗诵者，百分之百皆诵英文，绝无一人焉读本国文学者。若有之，其人必为侪偶所腹诽，所目笑，而彼亦将引为奇耻大辱。然此数十年来，试问国内造就几许真懂莎士比亚雪莱之文学者乎？以中国之大，有千人万人熟读莎士比亚雪莱不为多。独怪以中国之大，乃渐渐有寻不到能读本国文学本国古书之青年之情形。彼辈在中学校毕业，既未具备自己阅读本国文学本国古书之能力，彼之全部精力乃全费于研读外国书之准备。及其毕业以后，所入者乃中国社会，绝少继续研读外国书之机会，而中国文学中国古书虽日触于眼帘，彼固无此能力，亦无此信仰，并无此兴趣。彼乃不得不与学术界文化界相隔绝。即自大学毕业者，亦何独不然。彼辈大率能读外国书，而未必常有外国书可读。彼辈大率不能读中国文学古书，而彼辈终不能耐无书可读之苦。则一般阅读兴趣，乃不得不集中于时下新起之新文艺与宣传小册，以为消遣。故今日中国国内之学术空气，仅能存在于学校之内部，绝无法推广及于社会。而所谓学校内部之学术空气，又常汲源于外洋，非植根于本土。今日中国国家教育，乃尽力自掘传统文化之根，又尽力为移花接木之试验，而二三十年来之成效，则已大可见。若曰推行科学教育，则科学应重事物实验，不应白费学者心血于外国文字文学之研习。若曰推行文化教育，则中国自有传统文化。谓中国无有科学则可，谓中国无文哲史艺诸学则绝不可。谓中国政法经济诸学须参考外国新学则可，谓研究政法经济者可绝不理会中国已往自己传统则绝不可。若曰必全盘西化，则专通英文，绝非全盘西化。若强中国人必兼通英法德俄各国文字，其事既难。若亦穷本竟源，先修希腊拉丁文，再从之自创一新式西化之中国文，一若彼中英法德俄诸邦之自十四世纪以下之各自创其新文字然，此又不可能之事也。然则中国学校何以必以研习英文为首务，我无以名之，名之曰模仿之教育。夫亦曰英国人读莎士比亚，我亦读莎士比亚而已。英国人读雪莱，我斯亦读雪莱而已。又知英国人尝舍弃希腊文拉丁文之研习而自创新英文，我斯亦舍弃我之古书古文而已。谓之模仿教育，谁曰不宜。夫曰模仿教育，犹逊辞也。刻实言之，则乃一种次殖民地之教育也。故今日中国国家教育之惟一出路，端在转移此种模仿教育之积习。若使中等学校之青年，于晨光曦微、晚灯煜烨之下，手一卷而高声朗诵者，非莎士比亚与雪莱，而为《论语》、《庄子》、《史记》、陶渊明，则具体而微矣。

今日学校教育有一绝大困难问题曰训育，而中等学校尤甚。夫训教一贯，本非离教而别有所谓训也。今离教而求训，训必无效。教者非以己教，乃以己之所学教。己之所学在《论语》孔子，己之所教亦为《论语》孔子。所教非我之言，乃《论语》孔子之言。学者非欲其尊信我，乃欲其尊信《论语》孔子。由尊信《论语》孔子，乃亦尊信及于我。古语云，师严而道尊。然亦以道之尊而后师可严。又曰尊师而崇道。其实亦以道之崇而后师始尊。今学校以训育问题而牵连及于导师制度，深苦导师之不胜任而难其选。夫师之地位在其所教。若求导师，则中国往古圣哲豪杰，如孔子孟子老聃庄周以来，何啻数千百万，皆导师也。使学者读其书，想见其为人，诵其文，若聆其言，不啻耳提而面命。潜移而默化，心领而神会，则既有教而训随之。今乃一切舍弃，曰此已死之陈人，已死之陈言，不足以为教，然则又孰足以为教？昔日小学校儿童所听古事如孔融让梨，如司马光剥胡桃，凡其所学，即可为训。今日小学校所学，大率乃一只狐狸三个小仙女之类耳。昔日中学生国文课颇读《史记·项羽本纪》之类，今日中学生则只读鲁迅之《阿Q正传》。昔日青年入学校，其背后尚有家庭父兄之教督。今日则全国家庭父兄皆已自承顽固，再不敢教督其子弟，转望子弟自学校携返新教训以焕发其家庭。故今日之青年，就文化传统言之，彼乃上无千古，下无百世，彼乃一无承续无蕲向之可怜虫也。徒日嬲其旁曰革新，曰创造，曰独立，曰自由。则无怪其日趋于犷狯而无文，桀黠而难教。故今日之教者惟有两途。一则曰为公民当云云，一则曰西洋人云云而已。夫公民仅限于奉公守法，仅限于政治之一角落，固未能渗透及于人生之全部。西洋人云云非不可教，然道听而途说，隔靴而搔痒，实不能深切著明也。今欲指导其成一理想的中国人。苟舍此二者，而为师者自以己意为教，曰我欲云云，则学生群起而哄之。然则将何以为教？曰必本于自己国家民族之传统文化以为教。教育即文化之一部分，今既剿截数千年传统文化，只许就目前当今以为教，是则教育脱离文化而成为无文化之教育，故其教育之收效也特难。青年在学校，已感其无可教，而谓一出学校，便可为国家民族理想需要之人才，此又必不可得之数也。

　　故今日之国家教育，诚以人才教育为正宗，则文字文学之教育实至重要。而文字文学之教育，又必以本国之文字文学为主，此则无烦详论。学校教育不过一引端，学者在学校，既有修习文字文学之基础，及其出学校而入社会，自可继续与书本相接触。而其国家民族已往文哲史艺乃至政法经济诸部门文献成绩之积累，始可与现时代国民发生一种亲切而深厚之关系。而后其现时代之国民，亦始可承续其国家民族已往传统文化之大源而继续有所衍进。夫是之谓人才教育，亦夫是之谓文化教育。旷观世界各国之国家教育，亦何莫不然。然则今日国人之主张模仿教育者，夫亦只模仿其外皮耳。英国学校决不以教授德文为主课，德国学校决不以教授英文为主课，英德学校皆各以教授其本国文字文学为主课，何以中国学校独必以教授英德文为主课乎？德文有名著，英国人必加翻译。英文有名著，德国人亦必加翻译。然则何以中国人必以直接能读英德文原本为条件耶？此非其理论之荒唐，即其意境之懒散。中国厉行留学教育已八十年矣。而今日之中国人，仍无大量翻译书本可读，学校仍以教读外国文为主课，仍以用外国原本教科书为标准，此即留学教育无当于人才教育文化教育之明征。故必有留学教育之终止，始可谓是留学教育之成功。若永远以留学教育为国家教育之最高阶层，此即不啻宣告留学教育之最大失败也。必以翻译事业代替留学教育，必以重新提高本国古书古文之教育价值为国家文化教育人才教育之基础，亦必有此先事，而后中等教育始有刷新之希望。

今再概括言之，则本于国家文化教育人才教育之旨趣，一普通中学生，必以能自己阅读本国已往古书古文为其毕业之起码标准。再本此标准而约略设计普通中学之课程，则关于各项自然科学社会科学知识之传授，其课程地位最多不当超过文字文学研习课程之一倍以上。而对于外国文字文学研习之课程与时间，最过亦不当超过对于本国文字文学研习时间之三分之一。犹不尽于此，一面尚当于大学校先培植能胜任愉快之中学国文教师，一面又当自小学校起再厉行改变国文国语迁就教育之通病，而后此新标准始有到达之希望。若论科学教育，则本不必多量注重于文字之研修。今既于普通中学外尽量多设各种独立学院，又国家设立大规模编译馆，尽量翻译外国各部门之重要书籍，而学者中之聪明特秀者，仍得于大学文理学院中精研外国文而为中外兼通之人才。此固于时下所主吸收西洋文学及提倡科学教育两无妨碍。必有此调整，而后中等教育乃有彻底更新之可能。否则就中学而言中学，缚手缚脚，左支右绌，殊无自由发展之余地也。

三一、一、为《四川省教育厅中等教育季刊》撰

革命教育与国史教育

承主席命鄙人临时随便说几句话。上午适读本届会议参考材料第一号，二十七年八月总裁训词革命的教育，深受感动。本会的意义与使命，已在总裁训词里深切指示，我们只须真实认识真实推动，更不必再多说话。总裁训词里说，我们今后教育目的，要造就实实在在能承担建设国家复兴民族责任的人才。而此项人才，简单说一句，先要造就他们成为一个真正的中国人。这是一个万分痛切的教训。要做一个真正的中国人，我想惟一的起码条件，他应该诚心爱护中国。所谓诚心爱护，却不是空空洞洞的爱，他应该对中国国家民族传统精神传统文化有所认识了解。譬如爱父母的儿子，他必先对其父母认识了解一般。这便是史地教育最大的任务。

一部二十四史从何说起。国史浩繁，前人早已深感其苦。何况身当我们革命的大时代，在一切从新估价的呼声之下，更觉国史传统之不易把捉。但是愈是新的改进，却愈需要旧的认识。过去和现在，绝不能判然划分。因此在我们愈觉得国史难理的时候,却愈感国史待理之必要。我常细听和细读近人的言论和文字,凡是有关主张改革现实的,几乎无一不牵涉到历史问题上去,这已充分证明了新的改进,不能不有旧的认识。只可惜他们所牵涉到的历史问题,又几乎无一不陷于空洞浅薄乃至于荒谬的境界。这是事实告诉我们,我们这一时代,是极需要历史知识的时代,而又不幸是极缺乏历史知识的时代。

让我略举数例以资说明。我常听人说,中国自秦以来二千年的政体,是一个君主专制黑暗的政体。这明明是一句历史的叙述,但却绝不是历史的真相。中国自秦以下二千年,只可说是一个君主一统的政府,却绝不是一个君主专制的政府。就政府组织政权分配的大体上说,只有明太祖废止宰相以下最近明清两代六百年,似乎迹近君主专制,但尚绝对说不上黑暗。人才的选拔,官吏的升降,赋税的征收,刑罚的处决,依然都有法制的规定,绝非帝王私意所能轻易摇动。如此般的政权,岂可断言其是君主专制。只缘前清末年人,熟于西洋十八世纪时代如法儒孟德斯鸠辈的政论,他们以为国体有君主民主,政体有专制立宪,中国有君主而无国会,无宪法,便认是君主专制。不知中国政体,如礼部之科举,与吏部之诠选,已奠定了政府组织的基础。不必有国会,而政权自有寄托。如有名的《唐六典》,大体为宋代以来所依照,极精密极完整的政权分配,使全国政府的行政机关各有依循,更不必有宪法,而政权自有节限。而况明代以前,宰相为政府领袖,与王室俨成敌体。帝王诏命,非经宰相副署，即不生效。现在我们一口抹杀，说二千年来之中国政体，只是一个专制黑暗的政体，非得彻底翻新不可。其实政治只是社会各项事业中的一项，而又是较重要的一项，政治理论全部变了，则牵连而及于社会其他各项事务之理论，亦必随而变。牵一发，动全身，因而摇动及于全部的人生理论、精神教育，以及整个文化传统。若果中国传统政治及其背后的理论，需要全部翻新，彻底改造，以前种种譬如昨日死，一刀两截，亦自痛快，然而以后种种从何产生，却成了一绝大的问题。因此，在革命共和的初期，便已有英国制与美国制的争论。而随着上次欧洲大战后的新变动，国内又产生苏维埃共产政治与德意独裁政治的鼓吹与活动。试问一个国家的政治理论及其趋向，这是何等一件有关于全民族的事，若果把它的重心全部安放在异邦外国人身边，这又是如何一件可诧异而可惊骇的事。只有孙总理的三民主义，努力要把中国将来的新政治和已往历史传统，连根接脉。而可惜他的意见，尚不为一般国人所接受。一般国人只还是说，中国自秦以下二千年政治，只是专制黑暗，而今全都要不得。他们援据的是历史，可惜是他们并不是真知道历史。因于不知道，故而不爱护，但求一变故常以为快。

再举一例。我又常听人说，中国人二千年来闭关自守，不与外来民族相接触，因而养成文化上自傲自大深闭固拒的态度。这又是一句历史的叙述，只可惜仍不是历史的真相。秦以前暂不论，我们姑就秦以下言之。自东汉初叶，中经魏晋南北朝，下迄隋唐，大体上超过六百年的长时期，那是一段中国人接触吸收印度佛教文化的时期。印度可说是中国的近西。自隋唐以下迄于宋元，大体上又有六百年的长时期，可说是中国人接触吸收阿拉伯回教文化的时期。阿拉伯波斯可说是中国的远西。中国自秦汉以下的一千三四百年间，西北陆路西南海路的对西交通，从未断绝，中国人何尝闭关自守。今佛教不啻为中华民族普遍流行的一种宗教，而回教之在中国，亦得自由传布。汉满蒙回藏，民国以来合称五族。中华文化吸收印度佛教之影响，已是尽人皆知。而唐以下中华文明所受阿拉伯波斯回教东来之波动，现在尚需历史文化学者详细阐发。中国人何尝自傲自大，而又深闭，固拒于外来文化绝无接纳。六朝隋唐中国高僧西行求法的热忱，以及唐以下中国对波斯大食商人的坦白宽大的态度，只广州一埠，在唐末便有大食波斯商人十万之谱。而其时大食波斯商人之足迹，实亦普遍于中国之内地。从此便够证明上述中国人文化自傲对外深闭固拒的评状，全无根据。此等语，只是近代西洋教士与其商人的谰言，并非历史真相的叙述。西洋中古时期的耶稣教，本已包揽着许多政治社会上的尘世俗务。海通以还的耶稣教士，更形变质，几乎成为帝国主义资本主义之前驱。他们把到非洲与北美洲的经验与态度来到中国，他们不仅来宣传教理，却往往干涉中国之内政，激起中国之民变，与往古印度高僧纯以宗教真理来相感召之精神显有差别。而西洋商人之牟利政策，如鸦片强卖等，更招中国人之恶感。近世中西交通史上，鸦片战争前后，不断的教案，以及连续的强占土地强索赔款等事项，其是非曲直，大可待有志研究全世界人类文化史而抱有明通观点者之公平判断。中国史上之东西交接，至少已经三期。第一步是近西的中印接触，第二步是远西的中回接触，第三步才是更远西的中欧接触。前两步各自经历六七百年的长期间，而始完成中华民族吸收外来异文化之大业。现在的中欧接触，自明以来，为期只三百年，虽则西洋以其过强之势力压迫于我，但我们诚心接纳吸收异文化之热度，仍是与前一般。若以前两步的成绩来推论，再历三百年，中华民族一定完成吸收融和我更远西的欧洲文化之能事。但是要吸收外面的养料，却不该先破坏自己的胃口。近代的中国人，也有笑林文忠为顽固糊涂，反而高捧耆善伊里布等为漂亮识大体的外交家。这无异站在外国人立场，代外国人说话。中国人自己不知道中国事，如何能爱中国？不爱中国的人，如何算得是一个真正的中国人？事实上是一个真正的中国人，而理论上却又绝不能算他是一个真正的中国人，如此般的人，到处皆是，岂不可痛，岂不可惊？

上述两例，一面使中国人感觉中国已往一切要不得，一面使中国人不敢批评外国人一句不是，不是的只在自己一边。这种关系，何等重大。他们都根据着历史叙述，但绝不是历史真相。他们无意中已把中国人立足所在的重心迁移依靠在非中国人的脚边，这样将使中国人永远不能自立。现在请再举一个更明显的例，而又是有关于地理问题的。

辽河流域在中国史上深远的关系，早已发生在秦汉之前。直到明代，建州卫崛起，只是吉林长白山外一小部落。

辽河两岸，全属明代疆土。满洲人入关，包藏祸心，不许汉人出山海关，要把关外做他们的退步。但是那时只称辽吉黑作关东三省，绝不叫它是满洲。日本人又进一步，把清代所称关东三省径呼满洲，又常以满鲜满蒙并称。中国人不知其用意，自己亦称关东三省作满洲。直到伪满洲国成立，世界上不了真相的人，还以为满洲人在其本土（满洲）自立一国。这是外国人有意歪曲中国历史来欺侮中国人之一例。我们并不想歪曲自己历史来利用它做一时代的宣传，但是我们应该澄清我们目下流行的一套空洞浅薄乃至于荒谬的一切历史叙述。我们应该设法叫我们中国人知道自己真正的中国史，好让他们真正地知道了而发生真正的感情。这样才算是一个真正的中国人。这一个责任，自然要落在史地教育者的身上。

现在再说到中国传统文化之价值问题，这本可不证而自明。中国文化是世界上绵延最久展扩最广的文化。只以五千年来不断绵延不断展扩之历史事实，便足证明中国文化优异之价值。近百年来的中国，不幸而走上一个病态的阶段。这本是任何民族文化展演中所难免的一种顿挫。又不幸而中国史上之一段顿挫时期，却正与欧美人的一段极盛时期相遭逢而平行。国内一般知识分子，激于爱国忧国的热忱，震惊于西洋势力之咄咄可畏，不免对其本国传统文化发生怀疑，乃至于轻蔑，而渐及于诅骂。因此种种空洞浅薄乃至于荒谬的国史观念，乃获不胫而走，深入一时之人心。然而此种现象，亦依然还是一时的病态，并没有摇动到中国传统文化之根底。只看此次全国抗战精神之所表现，便是其明证。试问若非我民族传统文化蕴蓄深厚，我们更用何种力量团结此四万万五千万民众对此强寇做殊死的抵抗？当知无文化，便无历史。无历史，便无民族。无民族，便无力量。无力量，便无存在。所谓民族争存，底里便是一种文化争存。所谓民族力量，底里便是一种文化力量。若使我们空喊一个民族，而不知道作为民族生命渊源的文化，则皮之不存，毛将焉附。目前的抗战，便是我民族文化的潜在力量依然旺盛的表现。只在一辈知识分子，虽有菲薄民族文化乃至于加以唾弃的，而在全国广大民众，则依然沉浸在传统文化的大洪流里，所以宁出于九死一生之途以为捍卫。由此言之，今日史地教育更重要的责任，却不尽在国史知识之推广与普及，而尤要则更在于国史知识之提高与加深。易辞言之，不在于对依然知道爱好国家民族的民众做宣传，而在于对近百年来知识界一般空洞浅薄乃至于荒谬的国史观念做纠弹。更要的，尤在于对全国民众依然寝馈于斯的传统文化，能重新加以一番认识与发挥。在此革命建国时代，又值全世界大动摇之际，若非将我民族传统文化做更深的研寻与更高的提倡，而仍是空洞浅薄或仍不免于荒谬的，只利用一种歪曲不真实的历史批评来对民众暂时做一种爱国的宣传，依然一样的无济于事。说到这里，史地教育界所负责任之艰巨，更可想见。此在全国史地教育界同人，固当益自奋励，肩此重担。而在提倡史地教育的行政长官，以及关心此问题的爱国人士，则希望能不断地予我们以鼓励与助力，乃至于予我们以宽容与期待。莫要把此事业看轻易了。今天所说的直率粗疏处，还望到会诸先生原谅与指正。

三〇、七、教育部史地教育委员会第二届开会演说辞

建国三路线

（一）

要讨论目前的建国问题，应该先明白一点中国已往立国规模之大概。

就世界各民族已往历史而论，中国民族的建国规模，可算是最伟大而又最强韧的。人们好以罗马与古中国相拟，其实罗马立国，根本与中国已往情形不同。

罗马立国形势如下图：

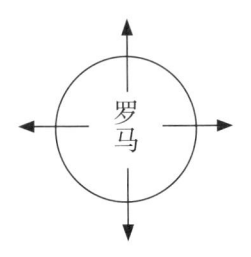

这是说罗马立国，是由一个中心展扩出来，由这一个中心征服四围而加以统治。罗马帝国所辖的疆土虽大，论到罗马帝国内部的重心，则是很狭小的。正为如此，北方蛮族一脚踏进罗马城，罗马帝国便可瓦解。

中国立国形势如下图：

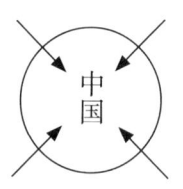

$$\rightarrow 中国 \leftarrow$$

这是说中国立国，是由整个国家全体各部凝合而成。它虽有一个中心，而立国重心并不就限制在这个中心里。它是由四围来共同缔造一中心，并不是由一中心来征服四围而加之以统制。从历史上说，中国立国规模，自秦汉以来，（即自有大一统的中央政府以来）一向如此，是由一个整体来凝造出中央而共相拥护之，并不是由一个中央来压倒四围而硬组成一个暂时的整体。

这已说到中国民族文化之渊深处。我们若粗略地从东北角的哈尔滨穿过中部黄河长江两流域的北平与南京而到西南角的昆明，我们可以看出，中国各地实在是站在一个平面上，由它们来互相缔构而建成一国家（即是说它们各是国家之一部分）。并不是由国家内的某一地区来统辖住它们（即是说它们不是被某一势力所征服的殖民地）。

民族文化影响立国规模，立国规模亦影响民族文化，而形成上述的情形。

因此中国之立国形势，既伟大，又强韧。遂使中国民族在世界史上成为一个建国悠久而又最不易被人征服与统制的民族（这是历史上的话，此处暂不拟多说）。

（二）

但中国自辛亥革命以来，快近三十年，而我们的新的建国运动，却依然未能让我们满意。其最大原因，似在建国理论上之未臻于一致。

此三十年来建国理论上最普遍的便是民众建国论。国家基础在于民众，为民众而有国家，国家的一切应该代表着民众，这是天经地义无须讨论的。然而实际从事于建国的政府，不一定能直接由民众来造成与操纵。即就西洋近代国家之先进者而言，英国的宪政与国会的创立，其最先发动与主持的，实际上只是有财富有智识的中层阶级，并不是全民众。法国大革命时代的国民公会，最后操纵者亦为中层阶级，而非劳工与无产民众。这是说英法近代国家的演进，比较还是中层阶级的努力为多。若说直接要从全民建国，此乃一种理论，非事实。而且英法立国规模仍是罗马式，而非中国式。他们先由一个小的中心，团成力量，再伸展压服了四围，中国则几千年来早摆着一个大的整体，无法在这个整体里勉强挖出一个小部分来做统制其他部分的特殊势力而存在（譬如以某省建国而来领导别省等）。若是要在这样一个大的整体下空言全民建国，到底不过是一句漂亮好听的话。无论如何，中国的建国工作，一时还无法径行推到全体民众的肩上去，这是显然的事实。

譬如创造新军，我们只能先训练出一个能指挥兵众领导兵众而与兵众一体共同奋斗的将校团与参谋部。我们却不能希望此种将校团与参谋部能在兵众中间自然地产生。同样情形，我们只能希望先有一个能代表民众领导民众的新政权与新政府出来，好倡导民众一体建国，我们却不能希望这个政府和政权，直接由民众中间自然地完成。军队随时随地准备跟随着将校团与参谋部之指导而作战，全国民众亦同样地准备跟随着一个能领导他们的新政府来共同建国。但军队和民众一时还无力自身创产出一个将校团和政府的。

民众建国的理论所以一时盛行，亦有其原因。一则国人骤然震惊于西洋近代的新理论，而没有细究其实际。（此如一辈学者。）二则从这个理论下，却不知不觉地便于自己良心地卸责任。他们渐渐以为一切建国责任，真在民众的身上。（此如一辈政客。）三则这个理论易于发泄情感冲动而立刻见之于行为。所以一遇国难，一辈热血青年最易想到到民间去宣传，期能唤起民众，来共同再建国。（此如一辈大中学学生。）但是问题的症结，不在民众之不易唤起，而在没有一个真能领导民众的理想的政府。

民国初年，建国理论的争点，几乎全集中于国会选举及其法理的职任上。中国历来相传的考试制度与铨选制度可以放弃，民选议会之立法权则不肯不争。就事实论，民选制度一时殊难推行，而考试与铨选制度废弃后，政府用人漫无标准，无论政府的机构与组织如何改造，只要用人没有公开的标准，必然仍趋于腐化。我们要争求政府改进一个比较客观而可以公开的考试与铨选的用人标准，其事易（而且本来有）。我们要争求民众实际起来参政，直接控制政府，其事难。但我们定要舍易而务难，这是在我们当前的建国理论上所先应辨认的一种现象。

这一种思想反映在教育方面，便是只知道国家应该有低级的国民教育（即普及的民众教育），而不知国家更应该有高级的人才教育（即领导民众的人才之教育）。所以中国三十年来小学国民教育还比较有成绩，至于中学大学教育，只成为升学与留学之预备教育（只是准备的阶段，而其自身无意义）。甚或认为大学教育只在传习科学知识，而为国家造成社会政治各方面领袖人才的文法科，几于有一时全国要求其根本取消或裁抑。

此种民众建国的思想，自民初国会制度失败以后，激而变为鼓吹社会革命，组织民众争夺政权。从中国已往历史看，即从中国已往立国规模看，这实是一条死路，万万走不通。至多只能利用民众来争夺政权，并不能把政权真切送交与民众。而且民众难动亦复难静，难发亦复难收。而以中国民众为尤甚（此乃中国的自然环境与经济环境使然，亦是中国国民性之深厚笃实处）。中国历史上由社会下层发出骚动，往往极深极广，不易收拾，而结果只予国家以一种难疗的创伤。从中国历史以往的教训，中国国家民族种种进步，多在和平进展下获得。凡属社会民众的动乱，往往多是反面消极地扑一个空。近人多治西方史，醉心于西方的所谓革命，不知西方是一种罗马式的建国，事实上有些处为我们所不能效法（和平的民选制一时不易成功，与激烈的全民革命之不易有效，乃为同一事实环境之所限）。

总之，我们此刻的建国理论，应该先要一个克尽厥职的政府，来代表民众，领导民众，而不能希望由民众来直接创造政府。更不该专希望利用民众来争夺政权。

（三）

民众建国理论以外，第二个有力量的，要算领袖建国论。建国大业不能没有领袖，理属共明，无烦详说。但我们所要提醒的，目下的领袖建国论和民众建国论同样不适合于中国的国情，同样违背中国已往的历史教训。

秦始皇虽说并吞六国，秦始皇却不用他一姓一宗的势力来统治天下，他只能把政权交付与李斯蒙恬一辈非宗非私的人的手里（秦始皇没有他们，亦不能并六国）。汉代人大体上明白得这点，遂创建了贤良孝廉的察举制度。政府方面不断收揽社会各方面人才，激起新陈代谢，来繁荣它的生机。唐太宗虽说削平群雄，唐太宗亦不能用一姓一宗的亲私来把持政权。他也只有依旧沿袭隋代科举制度，更公开地解放政权，让民间自由竞选。同样在不断地收揽社会各方人才到政府里去，激起新陈代谢，来健旺政府的生机。这是中国史上的明白教训，这是中国历来建国的一项基本精神。狭义的领袖势力，不够支配偌大一个的中国。

清末一辈学者，为要刺激国人革命的情绪，每好借题发挥，痛斥中国政治历来专制。因此近三十年来在政治上活动的人，不免误会此意。他们以为中国已往政治，真是一向专制垄断。因此他们在下意识里依然想捧出一个领袖来专制一切,垄断一切。自袁世凯以至吴佩孚,他们都不了解这一点,所以他们还在做秦始皇唐太宗所不能做亦不敢做的梦。他们想运使一个狭窄的部分的势力来统治中国,结果只有失败。他们只做了民众建国论的反动派。

退一步论,狭窄的领袖势力,不仅不能把整个中国政治把握住,即在一省一区域里要想造成一个变相的割据局面,其事亦不可能。近三十年来的中国建国运动是莫可违逆的一个大潮流。中国若要建国,必然要全体凝合,谁也无法把它分割。而且你所要分割的一省一区域,比照外国,已是够大的一个国家,狭窄的私人势力,万万不够把持。对内对外,完全支撑不了。于是势必有内部的倒戈,分裂、叛离以达于灭亡与消失。此等例人所共知,不烦再举。

这不是说中国政治要不得一个领袖。在建国过程中,需要领袖,恰如需要民众,一样的无疑。只是真的领袖之产生,应该奠定于全国力量之协调与融和之上,不是用一个力量来打倒或压制别几个力量而造成孤危的领袖势力所能胜其任。领袖只能代表整体,不能代表部分。只有博得整个中国拥护的领袖,才是理想上担负起建国任务的领袖。一党一派拥出的领袖,意在保持一党一派的私势力,终不免于狭窄孤危,到底负不起建国的重任。

（四）

让我们来看第三种建国论。这在上文已提出，是一种协调融和的建国论，是一个在民众与领袖中间的全国中层阶级的势力之协调与融和的建国论。

中国民众一时还无法起来操纵政权，而中国政权，同样为客观条件所限，亦绝非一个狭窄的部分的势力所能控制。因此利用民众与拥戴领袖以谋攫夺政权的两个方式，近三十年来，已有好多教训，告诉我们此路不通。但是利用民众的是一个中层阶级，拥戴领袖的，依然还是个中层阶级。建国过程中，不能没有中层阶级势力之参加，其无疑与不能没有民众以及不能没有领袖，一样真确。建国的力量，逃不出此三者（民众、领袖、中层阶级）之外，而且必待此三项势力之协调与融和。而此三项势力之协调与融和，其机括实操于中层阶级之手。所谓民众建国与领袖建国的两种理论，亦为此辈中层阶级所倡导。必待中层阶级先走上协调融和的路，而后他们才能拥护出全国一致的真领袖，而后他们才能领导全国民众以从事建国的真路向。

在此连带有一个更基本的问题。即是当前中国的中层阶级，是否已具备有担负建国的力量。若使中层阶级没有担负得起建国的力量，则纵有英雄不世出的领袖，以及广大的民众，而中间接不上气，正如一个军队，只有最高统帅与下级士兵，没有中层的将校团与参谋部。此种形势，除非两三千人的一个小部队则可，若是几百万的大军，则势必崩溃不可收拾。而不幸中国的立国规模，命定它只能编练几百万大军，而不许它只成一个数千人的小部队。因此中层阶级不争气，则如一人犯了膈病，头脑虽清明，四肢虽强健，到底还是一死症。

要看中国当前的中层阶级，是否已具备有担负建国的力量，只看中层阶级能否觉悟，在他们高呼民众建国与领袖建国之际，他们能否回头来看一看自己。若使他们能回头看到自己，他们自可觉悟走上协调融和的路。他们倘能真切地在拥护领袖与领导民众的双层下面来做建国工作，他们一定要感到自己的力量问题，而自然会协调融和起来，这便是中国得救之朕兆，亦便是目前建国的一条大路。惟一的一条大路。

这一个建国论，一面切合于当前国势所需要，同时亦不违背中国已往历史的教训。较之狭窄的领袖建国论与空洞的民众建国论可说是一个中道的建国论。只要全国的中层阶级切实觉悟，建国的理论与步伐渐趋一致，则建国的力量与功业，亦不难完成。

二八、一、二二、《昆明益世报》星期评论

中国民主精神

将为近五六十年来中国人述说中国为一富于民主精神的国家，正如要对真知道真熟悉中国传统文化传统历史者述说中国为一个帝王专制的国家一样见其为怪诞。近人一听说中国已往传统政治富于民主精神，便不禁要问：中国传统政治若具民主精神，为何没有代表民意的国会？又没有对国会负责的内阁制度？又没有限制帝王以必须遵守的宪法？但我们若肯承认中西历史演变各有其特殊而不同的路径，则此等问题，自会感其无甚意义，而中国之民主精神亦自然容易在中国史的每页里透露呈现。

夏商以前暂勿论。西周时代，自然是中国史上一个所谓封建的时代。但那时的封建，根本与西洋史上中古时代的封建有不同。大体说来，西周封建，是当时姬周部族一种向外侵占与武装殖民，故西周封建制度之展扩与形成，同时即是西周大一统国家之展扩与形成。若以西周封建比拟西方，毋宁说它有些处约略近似于近代欧洲的大英帝国与其海外自治领之关系，却不能说它完全与欧洲中古时期之封建形势相彷佛。及西周东迁，一旦中央失其控制，在封建诸侯间，遂有霸主出现。他们号称尊王攘夷，依然是在拥护周天子，来凝固维持以前的封建系统。战国以下，这一个局面与这一种理想彻底破坏，于是有秦汉的新一统，即郡县制度之一统，与西周旧一统，即封建制度之一统相差别。

在中国史上，当封建制度之旧一统时代，即西周时代（下及春秋），早已有一种民主思想与民主精神，散见于群经诸子，与当时之史实，此处则不拟详说。惟吾人当知中国史一到郡县制度之新一统时代，即秦汉时代，而中国人之民主思想与民主精神乃次第实现而具体化、制度化，成为一种确定的政治标准。若论其渊源，则仍自封建制度之旧一统时代所递传而发扬。惟前一期为民主思想之酝酿，而后一期为民主思想之光大。故封建旧一统时代，乃中国民主思想与民主精神之萌芽时代，而郡县新一统时代，则为中国民主思想与民主精神之成熟时代也。

普通以为秦汉时代乃中国君主专制政体之创始，今我则谓秦汉时代乃中国古代民主思想与民主精神之发扬与成熟，此论骇俗，不可不较为详说。然一部二十四史，亦苦申说无尽。无已，姑就其大者言之：第一，当知当时制度，王室已与政府对立。天子自为王室之代表，而丞相则为政府之领袖。丞相二字，以中国文字之训诂言，皆副贰之义。若译以今语，则丞相即副天子也。而就当时理论言之，则丞相实负行政上全部责任。汉代遇大天变大灾异，丞相往往引咎自杀，此即当时以丞相负全部行政责任之证。直到三国，魏黄初二年，始诏废天变劾三公。诏书大意谓"灾异之作，以谴元首"，始把行政最高责任，归诸帝王。但魏晋以下一段政制，向来不认为中国传统之典型。及隋唐复盛，宰相在政治上又回复其传统之尊严。皇帝诏书，非经宰相副署，即不得行下，此所谓画敕。刘祎之谓"不经凤阁鸾台，何谓之敕"是也。宋太祖乾德二年，命赵普为宰相，时旧相已罢，无人书敕，太祖特诏翰林学士讲求故事，议以皇弟（即后之太宗）开封尹（如今首都之市长）同平章事（此即如今出席最高行政会议之阁员）书之，敕遂行下。历史上帝王不经宰相副署，径下诏制，事不经见。至于皇帝诏令，宰相得加封驳，此不仅唐宋两代为然，直至明代，六科给事中，依然有封驳制敕之权。其时廷旨必先下科，遇有不便，给事中驳正到部，谓之科参，六部长官无敢抗科参而自行。万历居独裁之位，而百事不问。泰昌以下，国论日纷。识者谓当时政事之维持与禁阻，往往多赖科参之力。然宋明两代，以言官论事，而使政府多所牵掣，不能展施，其弊亦时见。尤著者，则如明末边事，多为廷议所误。陈新甲主兵部，力主对满暂先议和，俾便一力剿寇，崇祯已赞成，而事泄于外，群臣大哗，明廷竟为杀新甲。无怪袁崇焕谓"以臣之力守全辽有余，调众口不足"也。直至清代，专制独裁之制，更进一步。台谏合一，六科归并于都察院。皇帝诏旨，乃始无能对之行使封驳之权者。然晚清以来，王室威信日坏，廷臣议论之风气又渐舒。当时既外患日迫，而朝议嚣张，一时识者如郭嵩焘辈，乃屡以宋明士大夫清议误国为戒。最近欧美民主国家，一临战争，往往设立战时内阁，以资应付。若明末崇祯时代，早知此意，则国事不致败坏乃尔。此之所陈，不过指明中国传统政制，虽在明代废止宰相之后，而政府传统组织，亦非帝王一人大权独揽。今人力斥中国传统政体之专制，明为无据。故不能明辨王室与政府之界限，不能熟知王权与相权之消长，即无法了解中国传统政制之意义及其演变之得失。宰相废止，始于明太祖。明清两代七百年，只有内阁及军机处，相当于皇帝之秘书处，此特唐宋时代一知制诰之职。其时则并无真宰相。在此七百年内，在理论上与制度上，皇帝均负有行政上之最高决定权。然皇权虽张，而政府组织则依然仍袭汉唐传统，只不过王室与政府同戴一领袖，而仍非王室与政府之合流。故明代尚书六部之权特重，说者谓明之吏部其权重乃有超越古代宰相之上者。凡政府官僚，不由吏部之手而经皇帝特旨迁除者，谓之侍奉官，人皆耻为，且亦不久必罢。其由皇帝特旨降黜者，他日尚可起复。而一经吏部之考察而罢免，则永不得再获录用。若遇内阁大学士揽权，则造成部阁相讼之局。当张居正用事，凭借内阁，总揽大权，低抑部臣，逡巡请事如属吏。居正在当时，虽绩业昭著，然并世舆情，以及后代清议，则颇对之有不满。今人不深晓中国政治上传统意见，徒本一时功利成就为评判，乃始为张居正叫屈。然则今日国人意见，一面极诋中国传统政府为专制黑暗，一面又竭力推奖如张居正之越权独裁，岂非自相矛盾，不成条贯。至论清代，更以部族政权之私见，多设猜防，帝王专制独裁之趋势日益激著。军机处更非内阁之比。内阁虽在王宫之内，尚居殿廷之外。军机处则更在殿廷之后，接近帝王退朝私人偃息之所。抑且内阁顾名思义，尚属文治机关。而军机处则显见为一种武力统治之意味。故有清一代，以今日政治体制言之，乃一帝王独裁的战时体制也。然此种政体，固与中国政治之传统精神大相剌谬。大抵自鸦片战役以来之一百年，欧西人讥评中国政制而引为诟笑之柄者，即本于清制。中国革命志士所深恶痛绝，惟求彻底荡涤，尽变故常以为快者，亦激于清制。而浅人不深晓，遂若中国自秦以下二千年传统政制全如此，此实昧于历史情实。至于近有论者，乃谓清代制度乃中国传统政制下之较完美者，则更不知其说之何从矣。

再论政府中官员来历。就大体论，凡与王室有密切关系者，例不得任政府之要职。除却元清两代部族政权为例外。其在中国史上，此项趋势，至为显明。在封建时代，宗室同姓，皆得封土建国，别成一贵族阶级，与普通社会相对立。自秦汉以下，则殊不然。帝王宗室，在政府中地位日落，以至于全无地位。次则王室之姻戚，在两汉每以外戚辅政。自汉武帝以霍光为大司马、大将军，奉遗诏辅政始。然大司马、大将军，亦仅为内朝王室之代表，外朝政府仍有宰相。内廷外朝，权限秩然，不相淆混。至魏晋以下，则内朝规模日削，以至于不存在，而两汉外戚擅权之形势亦不再见。其次则如宿卫（武士）之与侍从（文臣），虽属王室之亲信，而同时却并不是政府高职，至多只在政府里得一出身。而政府中官位之授受升降，则别自有政府之标准。若论秦以后之贵族，在政府有世袭之爵禄，而并无世袭之官位。凡属政府官职，其出身大抵皆先经一番公开客观之选试，其升降则皆凭实际服务成绩之考课。故政府人员来源，与王室关系，殊不深密。依此言之，岂得谓中国传统政治，是一种君主专制乎？

中国传统政治既非君主专制，同时亦不能说其是贵族政体。中国史上之贵族凡两见。其一在西周春秋封建时代，此尽人皆知，不烦再论。其二在东汉末叶，经魏晋南北朝以达唐代之中晚。此一种贵族，中国史上谓之门第。缘由两汉仕途，必先经博士弟子，通晓经术，补郎补吏，乃得依次递升。当时书籍流传难遍，又经学有家法，有师说，非此不得通过博士官之考试，而察举又必通过从经学出身之郡县长官之手中。因此学术限于为某一部分家庭所传习，而仕途亦渐对此种家庭特见便利，因此渐渐酿成魏晋以下门阀擅权之趋势。然所谓门阀擅权，大体言之，亦由此等门阀世传礼教，比较近于当时政府人员之出身标准，而非当时政府专有某项规定，将政府人员出身特别限制于贵族门第也。故一到唐代，由九品中正制变而为明经进士之公开考试。进士重文艺，明经重经籍，而经籍又无家法师说之限制。其时学校开放，选举亦开放，仕途即不易为贵族门第所垄断。一到宋代，雕版印刷术创兴，书籍流布更易，社会上私家书院群兴，中国已往几于一千年来之贵族门第，不需别有政治斗争，即完全解体，不复存在。故即在魏晋南北朝一段，中国政府之官员，虽多系贵族门第出身，而却并不能即目此时代为贵族政府，其理亦显。

中国传统政治，既非君主专制，又非贵族政体，亦非军人政府，同时亦非阶级（或资产阶级或无产阶级）专政，此更不烦再说。然则中国传统政体，自当属于一种民主政体，无可辩难。吾人若为言辞之谨慎，当名之曰中国式之民主政治。当知中国政府虽无国会，而中国传统政府中之官员，则完全来自民间。既经公开之考试，又分配其员额于全国之各地。又考试按照一定年月，使不断有新分子参加。是不啻中国政府早已全部由民众组织，则政府之意见，不啻即民间之意见。如此，则何必再架床叠屋，更有一民选国会以为代表民意之机关？中国政府既已为民众组织之政府，则政府一切法制章程，即系民意之产物，更何需别有一民选立法机关，再创一部宪法，强政府以必从？中国政府之法令，无论以理论言，或事实言，虽在王室，亦必同样遵守，而不敢轻背。政府事业之最大最要者，莫过于设官任职。而中国政府官吏之任用，皆有客观之铨叙规程，及其主管之衙门。即宰相亦有其一定之阶梯，非帝王私意所能随意而授予。其次要者，则如对于人民之赋税，此亦有正式之章程，及其主管之机构。历代轻徭薄赋，成为政治上一大传统。汉三十而税一，唐四十而税一，税律一定，上下俱遵，不得轻变。以言近代欧邦民主政体，必首推英国。英国国会与大宪章之起源，均由于其国民对于政府纳税轻重之争执。中国以往，则无所事于此。近代英国之文官考试，说者谓其取法于吾国之考试制度。然两国官吏任用，复有相异。英国内阁任替，视其国会政党席次之多寡。而中国宰相大臣之任用，自有其习惯上之资序，依次迁调，视政绩资望为黜陟。此一异也。英国之所谓文官，相当于中国之掾属僚吏。中国汉唐制度，则掾属皆由大臣征辟（惟其先亦有一番考试，如汉之博士弟子，及唐之明经进士等）。此又一异也。此种相异，谓其各有得失则可，然不得谓英国乃民主之楷模，而中国则成为专制之极规。今若不遽谓中国传统政治为一种民主政治，则不如案而不断，仅称之曰中国政治，犹不失"知之为知之，不知为不知"之古义。较之轻目中国传统政制为专制政治者，岂不稍胜。

抑且欧洲近代民主政治之起源，由于社会中层阶级之崛兴，而中国则自战国秦汉以来，即已有中层阶级之兴起。若以秦汉为中国社会中层阶级崛起之第一期，则唐宋以下为中国社会中层阶级崛起之第二期。西人所谓德谟克拉西，其义亦不过谓多数人之政治而已。而所谓多数者，其先则实限于中层阶级，虽至今而犹然。若曰全民政治，则近代西方，虽若英美，去之尚远。中国秦汉唐宋以来之士治，即中层阶级之政治，亦即多数政治也。不过此土中层阶级，不凭借资产与富力，而一视其道德与文艺。此与西国之所谓民治乃貌异实同，亦可谓各有短长。中国人所以不主民众选举，此由中国广土众民，与西土异宜。民众选举，事实难行。墨子书中，虽有公选之建议，然不适国情，后无应者。中国自春秋以来，即已有极精密之王位继承法，使王室一统，一系相承，不致中断，不启纷争。而政府则握行政之实权。政府代表民意之向背，王室象征国家之一统。不幸而王室有更迭，而政府精神依然可以一贯演进。如唐代杜君卿之《通典》，宋代马贵与之《通考》，凡制度史之在中国，习称通史。良由中国政制，自有其演进之路途与趋向，并不随一姓一家之起覆为存亡。而中国在此演进中，则正因国家体制不适于多数选举之故，而传统理论，亦遂尚贤不尚众。故曰："贤钧从众。"贤者，如邵雍所谓"千人之人，万人之人，亿兆人之人"，惟其贤，乃能深获众人之公意公心而发皇条达之。而匹夫匹妇，数量之多寡，有所不论。则尚贤不啻即尚众也。若双方贤的分数相对等，乃始再依多数为从违。若双方贤的分数不相等，则中国传统理论，先尚贤，不尚众。良以贤人之公而一，有胜于群众之私而多。由此理论，故中国传统政治，重贤才，重教育与选举。（此所谓选举，非近代西国之民众选举。）逐步造成一种国士的理论。此种理论，重内心负责，而不重与众从同。故曰"特立独行""不求人知"。又曰："曲高和寡。"又曰："民可使由之，不可使知之。"又曰："千夫之诺诺，不如一士之谔谔。""非常之原，黎民惧焉。""民可与乐成，而不可与虑始。"此等思想与理论之流露，几于不胜枚举。若照今日西方民主精神依多数为从违，则中西理论，诚若有背道而趋之势。中国人传统观念，既不重视多数，故连带而有对于徒党之轻视。故曰："君子群而不党。"朋党在中国政治史上，有害无益，事例昭著，不待罗举。中国人既不好结党，因亦不乐从事于宣传。常曰："君子暗然而日章。"怀宝而待时，尊退而贱进。凡攘臂道途，号呼街市，自炫曰我贤我贤以邀人之信，而乞人之举，中国士大夫稍知自爱自重者不肯为。凡朋徒所附，群众所趋，中国人传统观念，轻之曰俗子，曰热客。盖中国尚贤不尚众，其政治上之出身与进阶，在考试与课绩，待之公评，不乐自炫。心习久成，难与遽改。又凡大政事大议论，中国人传统习惯，常以文字发表，而不乐逞口说。故西国自希腊罗马以来，广场演说，为大政治家不可或缺之一事。而中国则仅有大奏议传诵当代，乃至流布后世。而演说则无所取。大庭广众，感情激发，煽动群众，鼓掌称是，中国人不以为美。遇盘根错节，或大题目，大辩论，往往独居一室，条理敷陈，如贾谊、陆贽，亦足以转挽举世之视听。重理智，不重感情。诉之于人人别居之退思，不胁之于大众群集之激昂。若谓中土尚文，则西国尚口。若谓中国乃纸片政治，则西国乃唇舌政治。盖中土以学治，而西国以党治。此又东西两土政制习俗，各自有其传统相沿。可谓长短互见，两有得失，而无所用其入主出奴也。

然非谓中国政制无缺点。举要言之：以国家之长治久安，王室传统，往往数百年传递不辍，而政府官员均来自田间，韦布之士，又孤立不党，其势常为王室尊严所屈抑，而王权时时越限，此缺点之一也。又中国传统政治，其士大夫皆当经特殊之教育，使其为民喉舌，为国栋梁，自负以大命重任，而俯仰不愧怍。然而此种教育，则非其人不举。学绝道丧，则士大夫易于腐化。富贵引诱于前，贫贱驱迫于后，下欺民众，上谄权贵，而政事败坏，更无主持之人，此缺点之二也。下层社会之对政治，不易发生兴趣，每每徒付其信仰期望于冥漠不可知之数，此缺点之三也。而一旦内部糜烂，外寇入主，部族政权之篡窃，又常易与考试制度相妥协。王室凌跨于政府之上。虽依然有一部分政权之公开，而无害其为奴隶使与强暴主，此缺点之四也。粤自辛亥革命，满洲部族政权既倒，而中国商周以下四千年来，王室相承，为国家一统之象征者，亦随而俱绝。使国人骤失一最高中心之维系，此有损于政事之安全者甚大。其代之而起者，又一切模拟西土，于本国文化不和调，不协适。而士大夫教育亦忽然中变，急功而趋利，裸外而伪中，知畏法而不知慕德，尚争竞而贱鄙退隐。民众教育不易普及，而对政治观念则相从趋新。目其上曰公仆，以法令为己身权益之护符，对上唯知猜防钳制。在下者以不肖之心视上，在上者亦以不肖之心御下，上下竟以不肖之心相待，而往者最高中心之尊严，急切无从复建。于斯时也，士大夫服官从政者，上无所畏，下无所忌，中无所主。国法既隳，人情亦漓。纵私欲而染公利，饕其吞噬，而忘所靖献。民国以来，政治流弊，大率由是。自今以往，为中国政治求出路，厥有三端，事在必先。一曰，中国应有新的统一象征也。此新的统一象征，既不能为王室之复活，又不能为一阶级或贵族或资产阶级或无产阶级之专政。必使政府虽与时迁流，常有更新，而此新的统一象征，则贵能超乎象外，巍然独峙，庶有以维国运于不弊。二曰，中国应有新的国士精神。此国士精神者，明白言之，即谓之为一种新官僚精神，亦无不可。非有新国士，即无新官僚。非有新官僚，即不能有新政治。此新国士之精神，大要言之：仍当于中国传统教育中吸取，仍当发挥学治之深意，如范仲淹所谓："先天下之忧而忧，后天下之乐而乐。"如张横渠所谓："为天地立心，为生民立命，为往圣继绝学，为万世开太平。"必如此，而后无愧于学；亦必如此，而后无愧于仕。出而仕者，一切仍当以道义植基，而不当以权利为本。庶有以渡此变局，为中国辟一新境。三曰，中国应扩大士的精神，渐求其普及于全民众。虽不能使全民皆贤，亦庶使尚贤尚众之两轨切纽合拍，更密更紧。而后政基深稳，达于不坏。此三者，一言以蔽之，则仍当不失其为中国政治之传统精神。此则固非笃古不化者所与知，亦非骛新昧本者所能晓也。

三一、二、成都中英中美文化协会讲演辞，
　　刊载于《学思》一卷十二期

政治家与政治风度

一政治家之可贵，固然在其政才与政绩。而更可贵者，则在其政治之风度。昔宋儒论学，特创气象一语，常令学者玩索圣贤气象。气象之为事，可以心领神会，难于言辞描绘。今言政治风度，犹如论学者气象，同样非可以言辞指说，具体刻画。姑试强说，风者乃指一种风力，度者则指一种格度。风力者，如风之遇物，披拂感动，当者皆靡。格度则如寸矩尺规，万物不齐，得之为检校而自归于齐。故观察大政治家之风度，每不在其自身，而在其周围。凡此政治家风度潜力之所及，自足以感靡伦类，规范侪偶。如风偃物，同趋一向。如度规形，同成一式。因此一政治家之风度，其潜力所及，每成为一时代政治之风度。而此一种政治风度，既已为群力所凝，往往可以持续发展，达于数十年乃至数世之久者。此所谓开创之与守成，因其自有一姿态，自成一局面，可以形成一时期之特殊风格，而为历史家所称为一新时代也。夫政治事业，根本乃一群性的集团的社会事业，而同时则必须有领袖与主导。此领袖与主导而为一大政治家，则其风力之所感靡，格度之所检正，常使此一群体一社团同时响应，有不知其然而然者。而遂以形成一种共有之趋势，与共认之局面。惟如此，而后始得谓政治事业之完成。若其领导主持者，自身并无一种风度可言，即无一种潜力以为感靡与检正，乃徒尚其尸居高明之地，登高而呼，声非加疾，而生杀刑赏之柄在握，乃欲颐指而气使，其府怨而招败者不论，其有才能功绩可言者，亦出于所凭借，因高为深，非出本原。往往其事业即及身而止。而生时之成功，复有不敌其身后之遗祸者。此非深识洞鉴之士，亦多迷惘而不足判其是非得失之所在。故一政治家之风度，实为一种无形之才能，亦为一种不可计量之功业。论其感靡之深广，与其规范之凝久，较之私人一时所表现之才能与事业，实相千百倍蓰而无算。而其本原所自，则在此政治家之精神与内心。其德性之所发露，学养之所辉照，断断非凭借地位权力以争显其才能功绩于一时者所能相提而并论也。

以上笼统说了政治家风度之重要，以下试就中国历史具体举出几个大政治家的风度以资例证。国史浩繁，人物夥颐，殆难觊缕。姑就历代帝王论之，其堪称具有大政治家之风度者，约略称举，可得五人：一秦始皇，二汉武帝，三唐太宗，四宋神宗，五明太祖。此五人中，除宋神宗外，其余四人，皆有丰功伟绩，为后世所景仰。惟宋神宗不仅无大功绩可言，抑且宋代政制之动摇，与宋室之衰乱，几乎可说自神宗启其机。然不论当时以及后世，凡反对新法批评王安石者，均不忍牵连而及宋神宗。无论其人之政治意见对新法赞同与否，皆于宋神宗不忍致贬词。此何以故？盖即为宋神宗之伟大的政治风度所感摄故。神宗初即位，即有志慕效唐太宗。及荆公告以汉唐不足法，当上规唐虞，而自负为稷契，神宗即于荆公深加推敬，君臣而不翅师友焉。此种高远之想望与热忱，盖即一大政治家风度之真本原也。神宗之伟大不可及处，即在其有想望，有热忱，能尊信荆公，力行新法。虽举朝反对，而不为摇惑。即荆公告退以后，神宗亲政，依然一遵荆公新法，笃实推行。而神宗更伟大之处，则在其既尊信荆公，而于荆公之政敌司马光，亦同加推敬，保护宽厚。此则尤为大政治家风度之特有标记。当知神宗尊信荆公，与唐玄宗信李林甫，唐德宗信卢杞不同。神宗之信荆公，乃本之其内心高远之理想，与其一往奔赴之热忱。玄宗之信李林甫，与德宗之信卢杞，则由其私心泄欲之流荡而不克自制。故知论政治家之风度，当皆由其自身之德性。虽荆公为人，犹有可訾，而神宗之风度，则实可敬。今论荆公温公，实同为当时一代伟人。荆公风力甚高，而格度稍嫌其狭。温公格度甚宏，而风力微觉其逊。此二人之不同，正如其前辈范仲淹之与韩琦。范以风力胜，韩以格度胜。惟韩范虽调洽，而仁宗不能主持力用，王马虽龃龉，而神宗能同样尊敬爱护，此神宗政治风度之所以为不可及。无怪当时及后世人，对之一致不敢加以贬词。第二要说到唐太宗。太宗允文允武，英才盖世。其功业亦震古烁今，不愧为中国史上第一大皇帝。而尤其使太宗高出千古者，则在其当时有一个花团锦簇的政府，贤相如房玄龄杜如晦，诤臣如魏徵王珪戴胄马周，兼资文武如李靖李勣，其他能臣名将，举朝不可胜数。登瀛洲十八学士，辉映史册，前后无比。云从龙，风从虎，最伟大的政治家，便在其有风云际会。最可宝贵的政治风度，便在其能团聚风云，使天地为之变色，舒惨为之易候。故贞观一朝之名臣贤相，实乃相辉互映，以烘照出太宗伟大之地位。大政治家之成就，并不专在其自身。其更要者，实在其攀龙附凤之一集团。房杜王魏之成功，即太宗之成功。房杜魏王之风度，即太宗之风度也。贞观一代之政治风度，不仅感靡规范了唐室三百年之天下，抑且历宋元明清，中国近代一千年来之历史，依然为太宗风力之所感靡，格度之所规范。则其人之伟大可知。而其伟大之征，则不在其自身而在其周围。凡求于其本身见伟大者，此即其风度不足之显征也。第三要说到的是秦始皇。始皇雄才大略，长驾远驭，开始混一寰宇，为中国开创大一统的新局面。其在中国史上之不朽伟业，既已历古不磨。而其废封建，行郡县。相李斯乃楚士，将蒙恬乃齐人，皆客卿也。而始皇亲子弟，则为匹夫，无尺土封。此等意量，岂非绝大难能。惟惜史乘阔略，今对始皇帝当时规为设施之详，已不能述说。而其在大政治家风度上尚觉留有余憾者，一则在其焚书与坑儒，二则在其筑阿房宫与造骊山墓。大抵始皇帝风力甚劲，而其焚书则似近乎暴。局度甚恢，而其筑阿房则似近乎骄。骄与暴，为一大政治家完成其事业后易犯之缺点，而始皇帝不能免。秦代之二世而亡，便是始皇帝此等缺点之暴露。第四要说到汉武帝。武帝以十七岁青年登宝座，较之唐太宗以十八

文化与教育

岁经纶王业,尚早一岁。观其立五经博士,为设弟子员,兴廉举孝,射策补吏,又特封公孙弘为平津侯拜相,摆脱祖宗相传百年来宗室军人专政之成规,为中国史首创文治政府之格局。东汉史家班固,称其规模宏远,洵非虚誉。为中国首创一统之局者为秦始皇,为中国确立文治之制者为汉武帝。秦皇汉武常为中国史家所并称,洵堪媲美百禩,竞爽千秋矣。而其对外之大肆挞伐,远扬声威,大汉之名,遂永为中国民族之嘉号。其武功之赫奕,尤可崇颂。惟以武帝较唐太宗,则似微为不如。所不如者,正在其政府之不能花团锦簇,而且有时不免见其为乌烟瘴气。公孙弘最为一朝大臣,然布被脱粟,曲学阿世,以视房杜,便见惭色。卫霍之伦以亲贵,张汤桑弘羊之俦以才具。仅有一汲黯,戆直能面诤,然已不如魏徵王珪之通史事而能缘饰以文学,而武帝尚不能常使亲近。其晚年所用宰相,如李蔡公孙贺之徒,皆下驷材耳。然则武帝个人才气尽高,而其手下人殊不像样。武帝功业建设尽大,而其周围之集团,所谓攀龙附凤以共成此一政府者,惜乎其颇不相称。及其晚世,家庭变故横生,戾太子蒙冤而死,而时局亦见败象。轮台之诏,武帝亦亲露悔意。幸而身后托付,尚得一霍光。又有昭宣之干蛊。否则汉之为汉,几于不保。故汉臣即在宣元之际,已于武帝多不满之论。此非汉武帝自身才具之短缺,亦非其功业之不大,实乃其周围之相与成政者之有以累武帝也。今即以武帝较始皇,似乎武帝多带文学家气味,不如始皇帝之严肃。故始皇之失在骄暴,而汉武之失则在奢纵。骄暴为一个大政治家成功以后易犯之缺点，奢纵则乃文人学士之气息也。此后隋炀帝则更见为奢纵，因炀帝亦文学气味重于政治耳。太宗亦偏爱文学，然太宗不如汉武隋炀之奢纵。盖太宗亲贤受谏，故能自掩其短。故知汉武才气不亚唐宗，其缺者在其周围。而一大政治家之周围，正即此政治家风度之极好表帜也。第五说到明太祖。太祖虽起草泽，然驱除元孽，恢复汉唐传统文物，实为中国民族近世史上一大功人，此当百世奉祀而无替。太祖自己尝拟模汉高，其实量其才性，乃近始皇。其人风力亦劲，格度亦广，故足以树立明代三百年之风气，开建明代三百年之格局，确然立一新气运。而论其缺点，亦与始皇略似。盖太祖缺憾亦在骄暴。其废宰相，由六部直接受君主之独裁，此即其骄态之发露。其严刑峻罚，行使廷杖，蔑视大臣人格，此为其暴性之发露。明代三百年积祸皆由此。太祖开国，对中国近世史，实为功不掩过。较之始皇帝，似为不如矣。上举五例，有才能功绩均不足而不失为有大政治家之风度者，如宋神宗。有才能功绩皆极彪炳焕耀，而以理想的大政治家风度绳律之，尚不免有缺憾者，如秦始皇汉武帝明太祖。惟唐太宗最称完善，独其于天伦之际，宫闱之间，犹有白璧之微瑕，而终亦遗祸于后代。则甚矣一大政治家风度之不可不讲究也。

除此五例外，试再泛论其他人物之得登帝皇之位者。如汉高祖局度甚宏，而风力似卑。汉光武风力甚高，而局度似短。隋文帝宋太祖，虽亦开国之祖，然风力局度两不足誉。因此隋祚不永，而宋运亦不开扩。汉文帝最号贤君，其恭俭自守，良可嘉誉。然一大政治家之风度，贵乎高明而不贵阴柔。贵乎大气斡旋，而不贵玄默自处。文帝终有道家退婴之气，与理想上大政治家之风度尚有辨。然西汉二百四十年深仁厚泽，皆由文帝浚其源。我们若用另一标准论之，则文帝洵中国史上第一好皇帝也。若论贤相，晚汉如诸葛孔明，虽崎岖小国，实为具有大政治家之风度者。其告后主，曰："鞠躬尽瘁，死而后已。"又谓："成都有桑八百株，薄田十五顷，子弟衣食，自有余饶。臣随身衣食，悉仰于官，不别治生，以长尺寸。若臣死之日，不使内有余帛，外有赢财，以负陛下。"此其风节之高亮，为何如者！又曰："宫中之事，事无大小，悉咨侍中侍郎郭攸之费祎董允。营中之事，悉咨将军向宠。愿陛下托臣以讨贼兴复之效。不效则治臣之罪。"此见其局度之恢张。诸葛尝谓"开诚心，布公道"，此六字即足括尽大政治家之应有风度。诚心最为高风，公道最为广度。而诸葛丞相之所微缺者，则在其主申韩之卑卑，犹未暇措情于儒化。其同时如曹孟德司马仲达，虽各有才气，各有干略，开建基业，全为私家谋耳。既根本说不上功业，便轮不到算一政治家，更无论于其风度。其他如唐之李德裕，明之张居正，论其政治上之才能功业，皆有可称。然论大政治家之高风广度，则此两贤均嫌不足，故其绩业亦及身而尽。以言春秋之际，功业最大者，无过管仲。孔子曰："微管仲，吾其被发左衽矣。"然管仲才虽高，功虽大，论其政治风度，就见于《左传》《国语》及《管子》书中所记载，亦未见大可称。对内之统制与组织，对外之权谲与变诈，此亦政才耳，皆与所谓大政治家之风度无关。无怪孟子谓"孔子之徒，无道桓文之事者"，诚鄙其风度之不足也。春秋二百四十年，最为具有政治家风度者，莫如郑国侨子产。至战国之世，商鞅申不害张仪范雎之徒，皆有才能功业，而风度皆不足称。严格言之，仅有政才政绩，而无政德，则皆不足为政治家。

上所云云，于本文所欲论列之政治家风度，通观默察，庶可得之。窃谓政治事业，自身含有一种矛盾性。因政治事业到底为一种社团与群众的事业，而主持政治领导政治者，又断不可自侪于群众之伍，自封于社团之内。故大政治家必当先有高远之理想，与独特之自负。再换一面言之，政治事业，乃彻底的一种英雄领袖的事业，而干政治者，又绝不当以政事表显其英雄之才情，完成其领袖之地位。而在能以其英雄才情领袖地位尽瘁牺牲于政事。故大政治家绝不当骄暴，更不当奢纵。而最要者，其理想虽高出一切，其自负虽不可一世，而其笃实光辉处，则在其能屈抑自己之英武，而返身回到群众集团中。如风摆物，摆者乃物而非风。如度正形，正者是形而非度。最大的政治家，自己不见才能，而使群下见才能。自己不见功业，而使群下成功业。孔子曰："巍巍乎惟天为大，惟尧则之。荡荡乎民无能名焉。"此始为最高最大之政治家风度。然而此又绝非如道家之无为。故上文最推唐太宗，而微抑汉文帝，厥为此旨。今再退一步从此两点来论一般政治家之风度。政治家理想的风力，应在能尊贤。理想的格度，应在能容众。尊贤而容众，虽不能说已尽了大政治家应有风度之全，然首先最要者莫出此两点。故观察一理想上大政治家之风度，断不当着眼在其个人，而首当着眼在其集体，与相从共事之政府。众籁成风，积寸成度。否则风高而薄，度广而虚。有风而不见动荡，有度而不见短长。尽有才能功业，绝非可大可久。循此以观中国史书所载大臣名贤之政治事业，自可心知其意，不烦再费辞而解矣。

请试再以此一标准来看西洋史。著者居平常认中国民族为政治理想政治才能至高之民族，故论政治业绩，就历史演进之大体段论之，则欧西之所到达，实不如我中华之宏远。即就近世史论，日耳曼民族诚为一可爱之民族，此两百年内彼中哲学文学科学艺术各方面，皆有出人之造诣。然论其政治，虽自普鲁士跃起搏成联邦，如铁血宰相俾斯麦，其功名之焕炳，事业之烜赫，诚足令人惊诧。然苟绳以我中华理想中大政治家之风度，则似逊乎尚远。更如目前希脱勒，无论其事业之成败，其影响于欧洲全世界者，固已至深至大。然以言风力，使人有过于暴烈之感。言其局度，则又限于诘屈之致。谓之为一世之怪杰则可，谓之乃政治家之楷模准则，尽人而知其非矣。抑且其毕生之所经营，要之只可谓其能运用一种极大之力量，使人不可抗，而仍非所语于理想上大政治家之风度。大政治家之风度，亦有力量，感靡检正，使人心服。非不可抗，乃自不抗。使人觉为不可抗者，到底还要抗，故其力量不可久。非如大政治家风度之自有一种潜力也。故政治虽不可缺力量，而政治非即是力量。所谓国内之统制与组织，国外之权谲与变诈，此皆重在力量之运使，此中国传统思想之所谓霸术，霸术无当于我华所抱政治之理想，霸才自亦非大政治家之风度。故德意志人民，在其他各方面，成绩尽超卓，而在政治方面，则不能谓有大成就。其国运虽一时辉煌，而终感阢陧不安者在此。再言法国。法国自中世纪以来，文艺政治，常为欧陆归向之中心。然法国政治，似乎略具一局面，一姿态，而极少大政治家为之领导主持。因此法国政治，乃渐成一空腔壳，所谓风高而薄，度广而虚。实言之，法国政治，虽有一个趋向，而实在并无风力。虽有一个局面，而实在并无格度。法国盖一文学胜于政治之民族也。惟盎格鲁萨克逊人，似乎最具政治天才，因此英美两国在近世史上，乃不少具有大政治家风度之人物。而其民主宪政，亦自具基础，蒸蒸日上。较之德法两邦，皆似远胜。盖德法正各居一偏。而英美则从容中道。较之吾中土所悬政治理想，独英美较为接近。然言英美大政治家风度，仍与中国传统观念，有其不同。此则关系于两方文化系统之根本异点，一时殊难详细剖辨。所欲论者，暂止于此。再回头反看中国近代政治，则其弊复有可得而言者。

　　大抵中国目前政治上一甚大弊害，即为对于理想的政治家风度之缺乏。自明太祖废宰相，已对政治家风度之陶冶，加一大打击，使理想的政治家风度无从产生。及清代满洲部族狭义政权得势，更无使理想的政治家风度有回旋之余地。中国近世史六百年来，因此遂甚少理想的政治家。有奴才，无大臣。有官吏，无政治家。直到咸同以下，中国人始得稍稍展布，封疆大吏略有生气。然还说不到发皇畅遂。及辛亥革命，而中国人对政治观念又为之一变。大率醉心于西方民主共和之理论，而误解其意义。以为政治只是多数群众的事，只是社团党派的事，而没有注意到领袖人物之培养与爱护。则最高境界，至多只能像法国。空呼自由平等，实际则亦只如法国。其政治上之纷乱无秩序，无力量，遂最先为中国所学到。及中国人自己感到此病，则又掉头想学德国。德国人对内是统制与组织，对外是权诈与诡谲。中国人无力对外，则一切用之于对内，而其纷乱与无秩序滋益甚。中国人自己有两句格言，一曰："有治人，无治法。"二曰："士先器识而后才艺。"窃谓此两语，正可用来指导目前的政治出路。似乎国人此三十年来，一向对于政治过分重视了制度与理论方面，而忽略了政治上之人物。其对人物，又一向重视其才能与功绩，而忽略了政治上之风度。政治家无风度，如何足以感靡伦类，规时范俗？政治家无风度，则全个政府亦将无风度。无风力，则不足以为感靡。无格度，则不足以资规检。政治事业，虽说应该建基于平民群众，到底政治依然是一种居上临下之事。若政治家无风力，无格度，不能感靡伦类，规检时俗，则政治力量全已失去，于是踞高位而运用政权者，势不得不凭借其势力与谲诈。而凭借势力与谲诈，则根本说不上是政治。有时对外犹可收或然之效，然亦终不胜其将来之弊害。若不能对外而用以对内，则更属为害无穷。德法两邦政治，常以对外来调剂对内，此乃两国政治家风度不足之明证。在平民（多数）政治与英雄（独裁）

政治之交界处，有政治的真地位。这一个地位，非讲究政治风度者不能处。而要说到政治风度，其后面又牵涉及于整个文化系统，此处亦不能详论。惟欲提醒国人者，我们此一时代，不仅为汉唐宋明所未经，抑亦非德法英美所前有。在此抗战建国之艰巨过程中，我们已有了贤明的领袖，我们还需要理想的政府。更要者，是一个新的政治风度。此种风度，不仅将超汉越唐驾宋跨明，抑亦绝不是模德效法仿英袭美。固不当蔑时而笃古，亦不当荒己而媚外。若使没有一个政治的新风度，则政治将常在动荡中，而事业亦将常在过渡中。并不能划时代，期开创。则建国之业不完，抗敌之劳终虚。此种政治新风度之出现，固然是新中国领袖之大业，但在今日国人只重政制与政才的心习之中，郑重提出此政治风度之一辞，于此项新风度之出现，似亦不为无益。至于此文风度二字，并不如魏晋南朝人所重，只是一个空架子，则读者自了，不再申说。

三一、一、刊登《思想与时代》月刊第十期

新原才

顷见报载最近九中全会，有集中全国人才，为建国基本政策之提案，有所怅触，特本湘乡曾氏意，作新原才。

一时代的人才，照理应该可以应付一时代的事变。而这一时代的事变，亦惟有让这一时代的人物来应付。万不能搁置事变，悬待人才。而当事变孔亟之际，又往往有才难之叹。则如何鼓舞人才以应急需，其道自有出乎教育树人百年大计之外者。

夫人之才性，各有攸宜。然如百物，靡不有用。要之，天下无无用之人，然而有用之不当其才者，有虽当其才而未尽其用者。诚使人当其才，才尽其用，则同样那一个时代，同样那一些人物，而其效用力量，可以十百千万而无艺。譬诸弈棋，国手下子，当路当位，一子有一子之用。同样一子，自见它特殊的效能与力量。不仅此一子下得有用有力，而且由此一子，可以影响及于他子，使其各各显效用，各各表力量，通盘生气活势，自成胜局。低手下子，同样一着，而不当路，不当位，不仅此子绝无效用，绝无力量，而且由此一子，影响及于他子，使之各各失其效用，丧其力量，全盘窒塞，自克自制，便成败局。这完全由于下子的人，而不在所下之子。再以尽人皆晓之麻雀牌譬之。花字筒万索，只要配搭得当，则张张是好牌，张张有用。若配搭不上，则张张是虚牌，张张没用。一颗棋，一张牌，其本身虽有分别，而并非有绝对的分别。每颗棋，每张牌，皆有它可尽的效能，可显的力量，只不能单独地表显，必待投之全局而后此棋此牌始有其地位，始有其效用与力量。而投之全局，则非此棋此牌之所能自决自奋，而必待于有调度而排布之，配搭而部勒之者。李光弼入郭子仪军，还是这一个军队，而便觉旌旗壁垒一新，亦同样是此理，所以曾氏《原才》，特别看重在当路在势之人。正因为他是一个下棋投牌的，棋与牌的效用与力量，都要由他而显。当曾氏时，湖南一省，便出了好许人才。这并不是当时人才只出在湖南，只因曾氏就近用了湖南人，而能人当其才，才尽其用，因此觉得湖南人才特别多。别省的人，未经曾氏大国手安排配搭，便成死棋废牌。此虽浅喻，中寓至理。

然而陶铸人才，其事固不仅于排布配搭，而更有其尤要者，则曾氏所谓转移习俗是也。风俗之与人才，如影随形。有一时之风气，斯成一时之人才。人才即由风气出，而为风气所限。先秦风气异于春秋，斯先秦人才自与春秋不同。西汉风气异于先秦，斯西汉人才又自与先秦不同。此下如东汉，如魏晋，如南北朝，如唐宋元明清各时代，有各时代之风气，斯各时代有各时代之人才。惟其人才不能超出于风气之外，所以陶铸人才，其道无他，端在转移风气。幸而风气之转移，其事并不难。所谓风气，本指其易动易转而言。其事恰如女子之新装，时时翻陈出奇，不守故常。当一时代新风气之初兴，其事常足以刺激人才，而使之奋发，此即曾氏之所谓朝气。然而风气易变，亦易倦。此如女子新装，不久便成俗套。待其风气之既疲既倦，则又足以消磨人才，而使之颓废，此即曾氏之所谓暮气。因此当路在势者，常当就其风气之欲倦欲疲而鼓舞作兴之，常使之不倦，使常呼吸于朝气中，而不使有日暮途穷之感，则人才辈出矣。

反而言之，使当其时而群感有才难之叹者，此必其风气已倦已疲之征。否则风气方新，人才绝不至于衰竭。就此理以论当前之风气，庶乎亦足为感才难者之一参考。犹忆为儿童时，听长者否臧人物，必曰，某也开通，某也则否。其时"开通"二字，似为一时风尚之所趋。开通之反面，则为"顽固"。骂人顽固，则不啻奇耻大辱。五十年前，此一种羡慕开通之风尚，足以鼓荡前清末叶一种顽固闭塞之重雾而使之开朗，亦即为当时已穷已绌之人才予以一种刺激。当时新人物之兴起，则莫不代表此种新风气，所谓开通是也。如康有为梁启超便是开通，如孙中山黄克强更见开通。只就开通的风气里酝酿出开通的人才。社会要求开通，便须活动。不活动，便不开通。而开通人物之在社会，亦必表现其一种特殊的活动。不活动，亦无以见其为开通。戊戌政变，即一种活动也。辛亥革命，更是一种活动。有开通的新人物，斯有活动的新事业。

然而风气之变,如驰如骤。民国以来,便渐渐听不到人说某人开通,而只闻人说某人活动。若论开通,则其时已无人不开通。其时社会已断无垂豚尾读八股为顽固者。开通之言论与行事已成为司空见惯。其时臧否人物,乃全在其能活动与否。然而风气人才之移步换形,正在此等处。使人迤逦而下,陂陀日降,而不自知。那时的风俗人才,便似有渐不如前之象。何以故?以前由其智识思想之开通而活动,其活动有本原。今则徒知爱好活动,而活动无本原。举世竞好为一种无本原之活动,其心术行事,往往出乎轨道而形成乱态。

最近的当前,似乎批评人的又不说某人活动,而常听说某人漂亮。漂亮又与活动不同。活动尚属有力,而漂亮则只是一姿态,一腔壳。当前的风气,早已全都知道活动,亦全都在从事活动,所以臧否人物者,不在其活动与否,而在其活动得漂亮与不漂亮。本来早已是一种无本原的活动了,人人都为活动而活动,则其趋势所至,自必走向圆滑与轻薄。只有圆的,滑的,轻的,薄的易活动。方正严肃,厚重笃实的,不易活动。圆滑轻薄,即是漂亮。方严厚重,即是不漂亮。因此这一时代的风气与人物,渐渐成为一种圆滑轻薄的漂亮风气与漂亮人物。这是五十年来风气演变人才转换之一个大概况。

不佞居教育界久,亲见往时每一学校当行大典礼时,其校长教务长斋务长等,虽属和易坦率一路的人,亦必装出严肃形态,做一番堂皇的训词。一辈学生,则虽有桀骜倜傥者，亦多正襟危坐，静默恭听。当时人心里，以为不如此似乎不成体统，不像样。后来渐渐变了，逢学校有大典礼，训话是听不到了，只有学校负责人一番报告。次之，则有所谓名流与学者之讲演。讲演辞则全是凌虚盘空，不落边际。只有一套学说，而并不关涉于行事。更其次，则是种种兴高采烈的游艺与余兴。那时虽素性方严厚重的人，虽身为校长教务长之尊严，亦不得不在群众欢笑鼓噪之中，立起来说一个笑话，或其他之类。非如此不见通脱，而且也太不漂亮。一辈青年学生，其心术，其情态，其做作，全是朝向所谓漂亮，全喜圆滑与轻薄。方严厚重，非讨厌，即招笑。就如以女学生论，五十年来最先时代之最少数者，乃代表开通。稍次时期，稍多数则代表活动。最近大多数，则代表漂亮。人自在风气中移步换形而不觉，大势所趋，则显是如此。

不佞于政界一无所知，然不妨姑妄言之。请以最近政界中两人物试加分析：一、汪精卫，一、张学良。此两人均有相当才情，有相当阅历，均负政府相当重任。其底细我不知，微窥其言论风采，则亦漂亮人也。平日行事，只是活，只是动。居常处素，则只见其圆与滑。一旦逢危蹈险，则见其轻与薄。西安事变与河内私奔，暂不从和战大计立论，就其行事，终是于公则轻，于私则薄。一世方尚活动，爱漂亮，宜其有此能活动极漂亮的人物。

一俟举世尽是此等圆滑轻薄的漂亮人物，则其时虽不能为大治，亦不能为大乱。其时则只是不安定，不沉着，无血性，无气力，而人心则于是乎渐厌而渐倦矣。人心一倦，则鼓不起兴趣，打不起精神，相与以虚伪相粉饰，以敷衍相欺蒙。在此情形下，而要物色抗战建国之人才，则非先变其风气不可。改变风气，则在反其道而行之。短袍则一变而为长袍，窄袖则一变而为宽袖。正如湘乡曾氏所谓：忠诚耿耿，笃实践履之士，此正今日之所急需。非如此，亦不足以转风气而励人才。今日已如满盘死棋，惟留一劫，眼见得前面只剩一条路。今日只贵能艰苦卓绝，扎硬寨，打死仗，更不贵有其他活动。今日只贵有不可逾越之廉隅，不可侵犯之节操，更不贵轻薄与圆滑。今日只是一个严肃的场面，摆不上漂亮的装饰。必如此，而后有刚大之气。亦必如此，而后有坚贞之守。非刚大坚贞，亦无以胜抗战建国之重任。而此种人才之造成，其本虽在于学校之教导，而其机实操于社会之风尚。其为效之速，尚有超乎学校之上者。而此种新风气之熏染，转移，与完成，发动之在上，较易而较速。发动之在下，较难而较缓。湘乡曾氏所谓一命以上皆与有责，则自更不得不切望之处高明之地者。

风俗颓敝极矣，颇闻忧时之士，有主法家循名责实之论者。循名责实非不佳。然只恐还是消极的惩塞，还不是积极的鼓舞与兴发。与其慕效张江陵，请仍师法曾湘乡。

三一、一、刊载《大公报》

病与艾

我幼年曾受一段私塾教育。当时读了《论语》读《孟子》，读到"滕文公章句上"，我的私塾生活遽尔中止。《孟子》便没有读完。后来不记在哪一年的冬天，忽然立意要将《孟子》通体读过一遍，于是拣定了阴历开岁的大年初一，我把自己反锁在一间空屋里，自限一天读完一篇。第一个上午便读"梁惠王章句上"，读到能通体背诵为止，然后自己开锁出门吃午饭。下午则读"梁惠王章句下"，到能通体背诵，再开门吃晚饭。如是七天，直到新年初七之晚餐，我的一段心事始告完毕。

这大概是廿余年前的事了。但我每逢新年，往往回忆到那七天。虽则在阳历的新年，我也会时时连带想到这件事。今年的阳历新年，我依然照例想到了此事。只是以前所能通体背诵的，现在已通体忘却，只记得有那么一会事，又常零碎地记起七篇里的几许话。

我常觉得孟子有一些极耐人寻味的话，我时常会记忆起。我此刻则忽然地记起了如下的几句。孟子说：

病与艾

七年之病，求三年之艾，苟为不畜，终身不得。这是一般设想的譬喻。他的大意是说，一个人已犯了七年的病，而他的病却非储藏到三年之久的艾，不能灸治。但是问题便在这里。倘使此人事前并没有蓄藏三年之久的艾，我想他那时不出三个办法。一是不惜重价访求别人家藏三年之艾的，恳求出让。但是此层未必靠得住。一则不一定有人藏，二则藏的不一定肯让，三则或许要价过高，我不一定能到手。第二个办法是自己从今藏起，留待三年再用。可是他病倒在床已有七年之久，从今藏起尚待三年，这三年内，病况是否可待，还是没把握。第三办法是舍却艾灸，姑试他种治疗，但是更无把握，而且医药杂投，或许转促其死。明知三年之艾定可疗此病，只是已是七年之病而更要耐心守三年。

我时时想起这一段譬喻。我想那病人该悔到以前没有预藏此艾，现在开始藏蓄，虽知有十分可靠的希望，但是遥遥的三年，亦足使他惶惑疑惧，或许竟在此三年中死去。我好如此设想那病人心理的变化。

我想一大部分病人，似乎走第三条路的多些，走第一条的亦有，决意走第二条的要算最少。因为那七年病后的再来三年，实在精神上难于支持。然而孟子却坚决地说，苟为不畜，终身不得。他的意思，似乎劝人不管三年内死活，且藏再说。我不由得不佩服孟子的坚决。

但是我现在想到这几句话的兴味，却不在那病人一边。我忽想假使那艾草亦有理智，亦有感情，它一定亦有一番难排布。我如此设想,倘使艾亦有知,坐看那人病已七年,后事难保,倘使艾亦有情,对此病人不甘旁观。在理智上论,他应按捺下心耐过三年,那时他对此病人便有力救疗。但是万一此病人在三年内死了,岂不遗憾终天。在情感上论,那艾自愿立刻献身,去供病人之用。但理智上明明告诉它,不到三年之久,它是全无效力的。我想那病人的时刻变化,那艾的心理亦该时刻难安罢。

因此我忽而想到时局问题,想到目下大家说的一句"争取时间"的口号。我想那病人与那艾亦正在"争取时间",只与我们所说的争取时间,略有些差别。我们说的争取时间,似乎专指在战场上与敌人相持间的争取时间,而我却因孟子的话,想到后方的人,亦各该有他们的争取时间,而尤其令我想到那艾。照《孟子》的话,三年之艾似乎与二年零十一个月的艾性质功能决然有不同。艾该自藏到三年,但因那病人的状况,却使它总想姑一试之,感情上总有另一个希望在摇动它。今设此病人万一待到两年零十一个月而姑试用此艾,结果药性不到,仍无功验,那又非从头再蓄三年之艾不可,而他的病却要等到十二年以上,岂不更焦急?

这是一件怪动人情感的事。我不知别人是否如此想。病是十分危笃了。百草千方胡乱投,那艾却闲闲在一旁,要在此焦急中耐过此三年。艾乎艾乎!我想艾而有知,艾而有情,确是一件够紧张亦够沉闷的事。

廿余年前七天里背诵过的《孟子》,全都忘了。适在新年偶忆前尘,胡乱想到的只要关于孟子,自己仍觉得有趣。

实在有趣的应该是在廿年之前吧。姑尔写出,或许世真有艾,同情此意。

二八、一、《昆明今日评论》

过渡与开创

历史上的事情，往往有在当时极不易明了，过些时则极易看出。一个老的时代过去了，一个新的时代来临。但是那个新时代，是一个开创的时代呢，还是一个过渡的时代，这是我们所渴欲知道，而一时却不易遽知的。

何谓开创时代。这是说即此已是新时代之开始。譬如建筑，目下虽则是纵横瓦砾，上无盖，旁无靠，但是将来的美轮美奂，便在这个基础上，便从这时开始。这已是我们将来成家安身的所在。

何谓过渡时代。这是说，旧的虽已去，新的还未来，这只是中间一个过渡，在这里还停留不得你的脚步，安顿不下你的心神。譬如行旅，中江而渡，叩舷长啸，击楫高歌，未尝不是一时之雅兴，然而前途茫茫，税驾之所，并不在此。

这似乎是极易辨的事，然而并不易。因为当你走下渡船的时候，未尝不是一个小歇脚，未尝不足以使你暂时舒畅，你或许会妄认以为是归宿之所了。当你见到纵横瓦砾，一片杂乱的时候，尽可使你坐立不安，望望然而去之。

旧的时代，大家知道是过去了，但是我们的新时代，不知是在过渡中呢？还是在开创中？此虽不易辨，但却又不可不辨。

过渡绝不是了局，不能常此过渡，我们该早登彼岸，急奔前程。开创却又不是急切可了的，我们得耐烦，得忍劳，得死守，得苦干。换言之，过渡是一个不可久的局面，要我们另寻道路，开创是一个不可舍的局面，要我们继续努力。

大唐的没落，朱全忠李存勖石敬塘一流人，个个都以为自己是在开创，只有高卧华山的陈抟祖师，心里明白不是这么一会事。这些历史上的例，现在不用多说。

或以为历史只是一个前进，开创亦还是过渡，过渡亦算是开创，任何一个局面不得久长，任何一个局面亦不该抹杀，这是一种盲目的瞎闯主义，我们应该略加以纠正。

请举最近事例说之！大者如洪宪称帝，若使袁世凯早知道这是一个不可久的局面，决不能成为开创的事业，当时的袁世凯自然知道放弃此项梦想。小者如卢沟桥事变以前之南京各项新建筑，若使当时深切知道国难严重，不久可以有焦土抗战之发生，当时的各项建筑，亦必稍稍改变计划。难道我们对于我们的前途，不该有一些先见吗？

然而难问题依然存在。人人自以为有先见，你说这只是一种过渡，我说这定是一个开创，这又谁是谁非呢？能不能从历史经验里籀出一个公例，如何样的是过渡时代之象征，如何样的才算是开创时代之表记？

让我们把过渡与开创之分别，再说得明白些。

历史上的事业，并不是一手一足之烈在短期内所能完成。因此一新事业之创兴，必然需得同时（当然只有多数而非全体，）乃至将来（当然非无限止的将来，）人的拥护与继续，而后此项事业始有完成之望，我只为此事业开其端。这便是所谓开创。若使我的事业，得不到将来乃至同时人的继续与拥护，则我虽一时在此干此一事业，撑此一局面，不久将为别人所推翻与取消。则我之此项事业与局面，不过为将来别一事业与局面之一种过渡。用成语说之，开创是创业垂统为可继，过渡则可以说是傯傯不可终日。

　　过渡复过渡，便成混乱。开创复开创，乃为建设。这里边的机括，似乎权不在我而在别人。其实不尽然。只要我的事业和局面，多少为着别人，为着将来，则别人和将来，自来拥护与继续。只要我的事业和局面，全是为着目下和自己，则将来和别人，自来推翻与取消。

　　这样，我们已为开创与过渡寻得一个辨别标准。这一个标准，不必依赖所谓先见，只要当事者一种深切的反省。只要一个时代（自然只指多数，非全体。）都经得起这个反省的，这是一个开创的时代。经不起这一个反省的，只还是一个过渡，说不上开创。

　　难道历史上的所论开创时期，那时的人，都是为着别人，为着将来，经得起这个伟大的反省吗？这又不然。浩浩长途，疲于津梁。过渡复过渡，了无休息，经过了长期的变动和翻覆，那时的人，固然并无闲心力为别人为将来打算，乃至吃尽酸楚，生不如死，甚至不愿为自己为目前营谋，此所谓动极思静，乱极思治，虽不在开创中，却亦不在过渡中。诗云，民亦劳止，汔可小休。在长期的过渡之后，要走上开创的路，必然有此一番小休，而人便把这一番小休亦算是开创。但真正的开创，则无不合乎我上述的标准。

如此，我们又可为开创与过渡寻得第二个辨别的标准。茫茫然的前进，大体还是在过渡的行程中，而肃然停止下来，反而常是开创之朕兆。这一个标准，却不必反省，而可用来从旁面做观察。

政治的规模，学术的风尚，乃至社会的种种，都有一个开创与过渡之辨。目下大家正高呼着前进，大家以为新时代已来到，但是我要请大家各自观察，各自反省，我们的时代。究还是在开创中，抑还是在过渡中？

二八、四、《昆明益世报》星期评论

现状与趋势

觇国论世者，必于两种事态当辨。一曰现状，一曰趋势。趋势即在现状之中，而其变可以超出现状之外。就现状论，康熙时代远不如乾隆。就趋势论，则康熙时代一般的在上进，而乾隆时代一般的在下降。故从康熙造出清室之全盛，从乾隆造出清室之中衰。大业之与贞观亦然。高昌王麴文泰于贞观时入朝，见沿途城邑邱墟，民物萧条，大悔，谓中国已远不如有隋之盛，自此可不复往。然不久唐兵入高昌。麴文泰盖仅知观现状，昧于察趋势也。

甲午以前之中国与日本，就现状论，则中国强而日本弱。就趋势论，则日本方蒸蒸日上，而中国则诸病百出。甲午以后迄于最近，就现状论，日本如日中天，而中国则每况愈下。就趋势论，则日本如五一五，二二六事件之继续迭起，正可说明内里衰象之暴露。而中国如淞沪抗战，长城抗战，百灵庙出击，以至西安事变之消弭，正可说明中国之民气与敌忾，乃至国家渐渐走上统一之途，正足为未来中国一线光明之朕兆。日本军阀，似乎亦知道这一点，汲汲乎乘其欲衰未衰之气，来摧残中国方兴未兴之运。中日战争即在此种状态下开始。

抗战以来，颇闻人时时谈及南京汉口重庆之政象，酣歌恒舞，纸醉金迷者，依然不乏其人。从前方络续逃避后方者，见后方政事之泄沓，官场空气之萎靡不振作，无不嗟慨不已。其实此无足怪。中国政局之腐败，由来已久。此即中国目前现状之一。若中国早有清明奋发之政府，则中国现状早已改观，中日战事或根本可以不起。即起，亦不致如今日之景况。若知中国政局本是如此，则无所用其嗟慨也。

前方继续沦陷，后方继续繁荣。或者观于重庆昆明诸城市之新景象，如汽车之奔驰，酒馆戏园电影场之热闹，妖形冶容奇装异服之蜂拥而来，又不禁生其愤闷。不知此亦无用愤闷，此亦即中国目前现状之一。中国中上阶层，自海通以还，沾染似是而非之西化，沉溺于物质的享受，迷途日远，早已与国内一般劳苦民众的生活，隔绝如两世界。内地则贫苦益贫苦，沿海通商都市则奢侈益奢侈。一旦此辈转来内地，集平津京沪之气派，与内地之贫苦境界相映对，自然刺眼。然当知避难而来者，皆已流离失所，若就原来平津京沪之生活而论，早已打尽折扣，有不堪回首之想矣。

不仅避难民众，源源奔集于后方，而国内各地大中等学校，全国智识界最高学府以及学术界之名士，及多数之青年学子，亦鳞萃雾集于紧狭之一角。学术界之虚伪不诚，轻浮不实，脆弱无力，浮泛无根，亦渐渐为人所不满。然此亦数十年来所谓新教育之本色。当知上述中国政局及中上等社会之形形色色，大半固受过新教育之洗礼。今日之统治者，以及社会中上阶级领袖分子，智识阶级，本是一垆所冶，为造成目前现状之主要部分，则抗战时期教育之不过如此，亦无足怪。

然吾侪苟肯转移目光，从后方而注意到前线，则自然有不同的景象。当知欲预测新中国之趋势者，乃在彼不在此。两年来前线将士之一致抗战，以劣等的武装，刻苦的给养，当优势之敌军，前仆后继，有败无溃，愈挫愈强。正当敌锋者不断向前，沦陷敌后者转为游击。大队士兵之艰苦抗战，配备之以广大的农村民众，以及全国多数智识青年之服务于前方者，支撑着一个最紧张最险恶的局面。此则承接淞沪抗战长城抗战百灵庙出击西安事变以来之一种民气与国忾之继续高涨，自与后方之政象，都市生活，以及学校空气为截然不同之两种姿态焉。

然而评衡时局者，固不必偏重于后方之情形而悲观，亦不能偏重于前方之情形而乐观。当知一片广大的天空，同时不能长容冷热两种不同空气之并存。同一国家社会之下，亦不许长有两种绝不同的环境之对立。抗战将及两年，中国的新趋势固是愈来愈显，而中国之旧现状，却亦以愈向后方集中及愈与前线对比，而亦益显其真面目。如是则使中国之抗战局面非但一时不能呵成一气，而转若有将继续蜕变而成两个极端之状态。

此种两个状态之对立，对于抗战前途，亦有其必然之趋势。试分三步言之。一则苟此种状态继续存在，又继续加深加显，则将使抗战前途愈趋艰险，抗战胜利愈益展缓，一也。一日抗战告终,前后方之界限终必消灭,此时则如两边冷热空气之忽然对流,势必酝酿出一番风雨,二也。而此番风雨之为祥风甘雨,抑为横风暴雨,则尚在不可知之数。何者,若使双方冷热度相差过甚,则一旦风雨骤起,其势必暴。或且结为沉阴,凝为雹霜,如是则风雨之后,冱寒不解,凄阴益厉。百阳憔悴,温和闭藏。此则询之乡愚老农,莫弗知者。惟少与自然界接触者,乃见谓天意之难测耳。

目前中国之现状与现趋,具如上述,皆甚明白。惟有一端难言者,即现状乃目前之实相,而趋势则夹有将来之倾向。目前易知,将来难测。要之既有此趋势,则必向此方面进行,此则虽有大力,莫之能遏。因此前方空气虽严寒艰苦,而后方温暖怀抱中仍不绝有投向前方者,此即我所谓现状下之一种趋势也。惟趋势终是趋势,而现状则仍为现状。至于代表现状之后方,如何能不断送其暖气以向前线,使我所谓冷热两种境界,早能调和,呵成一气。使前方不致过冷,后方不致闷热。则天气骤变,前述诸候未必可见。此则虽熟于观风望气之老农,在天空未有朕兆之前,亦殊难有把握之预料。故在现状中断定趋势,终不免为一种无准则之空论。如是则高昌王之见解,亦未可深笑,而日本人之凶暴,亦自有彼方之一种看法也。余以一江浙人,避死来昆明,虽在暑中,殊不觉闷热,天际凉风,时时来袭,心快神怡,因此长江下游夏间常遇之暴风阵雨,此间乃少见,特在意想中有之。读此文者,不知与有同感否?

二八、七、二、《云南民国日报》星期论文

变更省区制度私议

行省制度，在中国并无深远历史。其创兴在元代，而明清因袭之。此项制度之用意，并不在便于地方政治之推进，而特在利于中央势力之统辖。元人所谓行中书省，乃是一个活动的中书省，即最高中枢机关之分化。其意惟恐一个中枢机关，不足控驭此广土众民，乃为此变相的封建，形成一种分区宰御制，专为蒙古人狭义的部族政权而创设。明太祖初起，承袭未改。但不久即取消行中书省，而代以布政使为各省行政长官，此不失为一种比较合理的改革。惜未将元人行省分区详细改正，而以后又络续于布政使上增设巡抚总督，依然与元人之行中书省相去无几。清代同为一种狭义的部族政权，他们更有意利用行省制。各行省督抚，大体多属满人，（此与蒙古一例。）用汉人乃其不得已。乾隆全盛时，全国督抚，几乎尽属满人，汉人则寥寥可数。洪杨起事，满洲疆吏无不偾事，乃不得不起用汉人。然到晚清末叶，全国督抚，又依然是满人为多。就督抚之名义论，已显然为一种军事统治，而同时督抚又兼中央都御史的官衔。可见行省制用意在中央监临地方，并不为地方本身着想。

　　进一步言之。行省制度，虽说是一种中央监临地方的制度，却只是一种变相的封建，只是分区宰御，非中央集权。若各地方政治，能在统一的中央政府下顺利推进，各地均得欣欣向荣，地方政权绝不致忽然反抗中央。因此汉唐盛时，亦并无定要集权中央之用心。汉之州牧，起于东汉之末叶。唐之藩镇，由于黩武开边而起。宋代惩于唐中叶以下之藩镇割据，始刻意谋为中央集权。然宋代之中央集权，亦并不与此后行省制相似。行省制既不利于地方自治，又不利于中央集权，乃是横梗在中央与地方之间。易于引起尾大不掉的一制度。清末督抚，乃至民十七以前之各省督军，事例昭然，不烦详论。

　　更进一步言之。行省制虽说其用意在分区宰御，而亦并不利于宰御。总督巡抚，在名义上，显属军事统治之性质，而每一行省，实际上则并不能自成一军事单位，为中央对外御寇，对内弭乱。元人分省建置，似有意全变唐宋分道之旧。每一行省，在地形上，均不能自保自全。各省州县错隶，险要全失。往往一府一县可以震动全省，而一省可以震动全国。因此明代经略，或至七镇，总督总理或至八省七省五省。显见省区并不即成一军区。清代有大兵役，必特简经略大臣参赞大臣，督抚不过承号令，备策应。川楚陕教匪以及洪杨之变，反而在省区制的弱点下得势。曾左胡李削平洪杨，因于其有权节制数省，又能自相协调，故得成事。就最近事例言。如当前之抗日，亦不能以一行省为一军区，仗之对外御寇，对内弭乱。因此行省制在平时足以阻碍地方政治之推进，在变时亦不足以保障地方独立之安全。

至论经济物产民情风俗各面，现前行省分区，亦并不能真有一客观界划与之相应。

民国以来的行省长官，尤其如最近的省委员制，其性质显又与元明清三代的行省长官不同。殆已变为地方行政长官之领袖，而非中央机关之派出所。省行政长官之性质，不是中央委来监察或驾驭地方，而为一地方行政之最高机关。此乃时代政治意识之进步。但在此转变下，亦有流弊。因省分区过于庞大，对中央言，双方行政权限往往不易划分明晰。（举最浅显例言之，如一省可以在其境内自造一条铁路，或自设一个大学。）民初曾有主联省自治，以及各省议会自制省宪等活动，正因省区划分过大，因此时有使其从中央看来好像易于侵犯中央的职权之嫌疑。同时对地方言，亦因省区过于庞大，一个省政府，统辖几十个县政府，省县规模，大小悬殊，因此使省政府高高在上，不易实做地方上亲民的长官，而另有使他在地方上看俨如一个小中央的嫌疑。省机关处在此两种嫌疑之下，纵有好长官，亦不易有好成绩。正因行省分区，本不为推行地方政务而设，现在借以推行地方政务，自有许多窒碍。

中国目前的建国工作，其前程有两个必须达到的任务。第一是完成中央统一，又一是完成地方自治。此两工作，应同时并进，同时完成。而亦可以同时并进，同时完成者。其主要机括，则在必先修改现在的行省分区制。

大体言之，当将现行省区，分划缩小，略如汉之郡，唐之州，或如清代乃至民初之道区制。把现在每一行省划分为四五省六七省不等，一省大率统县最少不少过六七县（此就边区新设省份而言），最多亦不能超过二十县。全国共达百数十省乃至二百省。名称则仍为省，而不称为郡州道，因省名已为一般社会所习用。二则此项制度之改革，乃在提高地方行政机能，使其切实活泼加强，而非减抑地方政权。新的行省长官，其地位待遇，亦应与旧行省长官一例。此种新省机关，应采用长官制，不采用委员制。如是则一个新的行省长官在其所辖境内，庶可独立展布，亦使独立负责。附属于省机关之教育财政建设公安各项，则设局不设厅，而总成于省长。

现行的省委员制，一省每每有七八委员。若使此七八委员，各自独立担当一方面，以同样的人选，而无现在臃肿牵缀推卸躲闪之弊，当更能尽其效。

在新省区下的县长官，其地位待遇亦当同样提高。在省县的联系上，一省所辖最多不过二十县，省县规模地位不致悬绝。情谊易通，意气易洽。县长官的地位，在精神上亦同样如在物质上牵连而提高。一县长官，亦使独立负责，独立展布。附属于县机关的教育财政建设公安各项，则设科不设局。

同时在县省长官独立负责独立展布之旁面，赓续推行县议会与省议会。（县议员选举法此暂不论）每县议员在二十人左右，由各县推选至少一人至多两人为省议员（则省议员至多不超过四十人）。而省议会的职权，因省区缩小，易于与中央划分，不致冲突。而省县长官之旁有省县议会之监督，亦使能者易于见功，不肖者难于逃罪。而地方自治之实，渐可期望。若真求切实活泼加强推行地方政务，则缩小省区之后，将依然觉得省单位之大。

就中央论之，省区缩小，牵涉到几省以上的事务，自然划归中央，而中央各部亦可切实负责切实发展。中央对各新省，则以现行监察使制度尽其督促监视之责。（略如汉之刺史与唐之观察使）而地方则由各新省的省议会再各选至少一人至多两人之国会议员以表达地方意旨监督中央政务。如是则地方与中央可以活泼连成一气。一面是中央明白交付地方以自由推行政务之权，一面即是中央向地方取得统一集中之权。故说地方自治与中央统一可以同时办到，其机括只在将现行省区略略修改也。

一种制度之推行，其最要前提，还在与当时实际人事相和洽。并不能抹杀人事，空立制度。尤其当前是抗战艰难的时期，一切政制，惟求减少人事摩擦，增进军事便利为第一义。上述意见，仅就理论上空洞陈说，以备政府之参考，同时引起社会之注意与讨论，为将来改进一种准备。笔者于目前实际政况，昧无所知，不敢谓此种意见，即速便可推行。惟仍就浅识推想，则觉此项改进，即在当前，亦未尝无斟酌试行之可能。

试先举目前处于抗战前线之各省区而论。如豫、鄂、皖、赣、湘、粤诸省，或则省会已沦陷，或则省疆已不完全。而以适当前线之故，其各县各地工作之艰巨烦杂，当十百倍于平时，至于关涉军事者，则现在的省委会并不能胜任负担，而早已别归军区长官统一支配。然则若在此时，将原有省委会分散，遴派各省委（或另再挑用相当人才）分区负责。如湖北省即可分为襄樊新省荆沙新省等，每一新省长各就其所辖地区下之十余县切实联络，分头进行工作。一面受中央指导，一面就近暂听军区长官节制。务求军事民事紧密打成一片，而使每一人选各得切实活泼加强其政务上之贡献，则似乎此项意见，便可推行于现处前线之各省区。

又次就已沦陷各省区而论。目下中央依旧委派该各省长官在敌人后方工作，其为艰巨，较之在前线各省区，当更过之。又因重要交通据点及路线，大半为敌人占去，因此一省机关，要求其能对所辖全省指挥灵活，殊难做到。至论军事方面，亦早已有军区长官负责，或即以原委省主席担任军事，则对他项民事，势难兼顾。且如苏北徐海一带，其形势上之联络，与鲁南豫东之关系转深，与同省江南之关系转浅。而同样江苏京沪一带，与浙西皖南之关系转深，而与同省之江北关系转浅。设若废去旧省制，使各新省区可以在敌人后方便利单独活动，亦可更活泼的相互联络，而各受该后方军区长官之节制，尤较现行省区制似更近实际也。

最后请更就在后方几个完全省区而论。其工作之艰巨，超过平常之倍数，凡在后方之人士，皆已目睹。且各省区情形，亦各有变动。即如四川一省，重庆已为中央政府所在地，西康又正在建新省之进程中。大势所逼，本不能一照旧况。而且目下后方各省主席，几乎全已别受中央更艰巨更重大的抗战任务。（如集团军司令等）为各省主席之节劳专神起见，为各省委员之加紧工作起见，若照上述意见，分区负责，亦未始不可次第斟酌试行。

至于新省区推行后之省县长官，（尤其是县长官）如何妙选人才，以焕然一新全国之视听，而振作民气，以切实加紧与军事之联络，而博最后之胜利，此则全属制度改革后之人事问题，不在本文讨论之列。

二八、四、三〇、《大公报》星期论文

跋

我在民国二十六年起,一段对日抗战时期内,不断在后方昆明成都两地,络续写了好几篇讨论时事的文章,刊登在两地报纸及几种杂志上。民国三十一年,故友刘君百闵在重庆创办国民图书出版社,来函索稿,汇集得二十篇,分上下两卷,取名《文化与教育》,交其付印。于三十二年七月出版。乃当时之所谓国难版,纸张印刷皆劣,字迹模糊,难于阅读,亦复难于保存。不久,抗战胜利,我从四川还江苏,行箧中尚有此书。及三十八年到香港,此书遂未携带。及一九六七年来台定居,吾友萧君政之,已不忆在何年何月,忽携此书来我寓舍,云此书常随身怀挟,辗转流徙,迄仍保留。知我或无此书,故以相赠。又云:恐此书在台,仅此一本,促我再以付印。我适因他事搁置。越有年,政之又告我,此书已经某书肆重印,并随携一册来,云不意除我外尚有人携此书来台。然国难本字迹模糊,恐重印或多有误,君当细阅一过。时我正汇集到香港后旧稿,拟加编印,遂将此书通体重读,于文字上稍有改定,但内容则一仍其旧,以交刘君振强，由三民书局再印，距此书初印时则已有年矣。

我之重读此稿，窃有两事，存我心中，有不容已于言者。初在昆明时，西南联大诸教授，创办一杂志，讨论战后世界局势，大意谓不归美，即归苏。天下将渐趋一统，略如我战国时代之有齐秦两帝，因名其杂志曰《战国策》。我深不以为然，在成都时，遂草一文曰战后新世界，即为针对《战国策》杂志而发。距今逾三十年，每幸我之臆测，指示世界未来局势，实未有误。惟当时亦限于自己内心积习，未敢放言高论。臆测所及，仅止于亚洲一隅。其他如非澳美诸洲，一时见识有限，聪明不够，未有论及。迄今联合国中诸邦，以及尚未进入联合国诸邦，何止在一百五十以上。此战后新世界，显属由合而分，并不是由分而合。较之我此文之所想象，实已超出甚远，堪供我引以自惭者。然今日世界之纷纭，日滋益甚。实因世界人心，仍多认为此下世界，将分美苏两集团，非彼即此，非此即彼。在美苏两邦，既未知如何来适应此后世界之新局势。而战后新兴诸邦，亦未知如何以为自存自立之道。客观形势与人心揣摩，实有背道而驰之概。窃谓我之此文，实有仍足供此后人精细阅读，详密讨论之价值，此为我重读三十多年前旧文，而益增我自信之一端。

另有一文，为"改革大学制度议"。常忆我在成都北郊赖家园齐鲁大学国学研究所，忽一日，有某生来，请求收纳。自言为武汉大学外文系二年级生，因在报纸上获读此文，心厌当前大学教育之无当，特退学前来。我闻之，大为惊诧，谓汝何以骤看报章上一文，即下此决心。某生言不然，先生此文已熟读能背诵，可当面试背，证我非轻率下此决心者。我言：我此文立论，乃求谋此后之改革。君今毅然退学前来，实为不智。我与贵校王校长极熟，当作书由君携回，必可准许复学。某生坚不允，谓携行李来，务恳收留。不得已，许其留所随读。一年余，某生投考重庆某机关，辞去。既不告某机关名称，去后亦不来信，遂断消息。我为此文贻误一青年，含疚不忘，常常往来心中。我今重读此文，实感仍有讨论之价值。然率尔为文，往往利未见而害已形。此书序文，引及李恕谷郭筠仙，心中虽有此感，然自抗战以来，国步方艰，书生之言，终不能自戒绝。此我重读此稿，而益增我内疚之又一端也。

今此册又重付梨枣，爰草此跋，以识其缘起，并略表我心之所感焉。

一九七五年十二月岁尽前一日钱穆识

图书在版编目（CIP）数据

文化与教育/钱穆著.-- 长沙：岳麓书社,2024.
10.-- ISBN 978-7-5538-2158-0

Ⅰ.G122-53；G52-53

中国国家版本馆 CIP 数据核字第 2024N9H503 号

WENHUA YU JIAOYU
文化与教育

著　　者：钱　穆
责任编辑：丁　利
监　　制：秦　青
策划编辑：康晓硕
特约编辑：王　争
版权支持：辛　艳　张雪珂
营销编辑：柯慧萍
封面设计：利　锐
版式设计：李　洁
内文排版：谢　彬
岳麓书社出版
地址：湖南省长沙市爱民路 47 号
直销电话：0731-88804152　88885616
邮编：410006
2024 年 10 月第 1 版　2024 年 10 月第 1 次印刷
开本：875 mm × 1230 mm　1/32
印张：5.5
字数：115 千字
书号：ISBN 978-7-5538-2158-0
定价：39.80 元
承印：三河市百盛印装有限公司

若有质量问题，请致电质量监督电话：010-59096394
团购电话：010-59320018